숨쉬는 중국어

마스터
편

개정판

이명순

중국 東北師范大学 역사학과 졸업

한국 서울대학교 중어중문학과 석사 졸업

저서 : 〈문화 중국어〉 입문편, 〈왕왕 초보 중국어 첫걸음〉,

　　　〈이명순 선생의 중국어 쉽게 가르치기〉, 〈붐붐 주니어 중국어〉 총 2권,

　　　〈씽씽 주니어 중국어〉 총 2권, 〈하오하오 중국어〉 총 4권

편역 : 〈신현대한어800사〉

숨쉬는 중국어 마스터편 개정판

개정판 인쇄일　2020년 2월 20일

개정판 발행일　2020년 2월 28일

저　　자　이명순

발 행 인　윤우상

북디자인　Design Didot 디자인디도

그　　림　이일선

발 행 처　송산출판사

주　　소　서울특별시 서대문구 홍제 4동 104-6

전　　화　(02) 735-6189

팩　　스　(02) 737-2260

홈페이지　http://www.songsanpup.co.kr

등록일자　1976년 2월 2일. 제 9-40호

ISBN　978-89-7780-255-1　14720

ISBN　978-89-7780-254-4　14720 (세트)

숨쉬는 중국어

저자 이명순

개정판

송산출판사

머리말

중국은 한국과 가까우면서도 교류가 가장 많은 나라입니다. 따라서 요즘은 영어보다도 중국어를 잘하면 취직도 잘되고 회사에서도 인정을 받는다고 하니 빨리 서둘러 중국어 공부를 시작해야 합니다. 그러나 막상 중국어 공부를 시작하려고 서점에 가보면 책은 많은데 한국인에게 알맞은 교재가 없는 것 같습니다. 물론 다양한 중국어 학습서는 학습자들에게 선택의 폭을 넓힐 수 있지만 이들은 대체로 중국 현지에서 사용되고 있는 학습서를 그대로 옮겨오거나, 외국인을 위해 편찬된 학습서라 하더라도 그것이 한국인을 겨냥한 것은 아닙니다. 그러므로 한국인이 이해하기 쉽고 또 한국인의 정서에 맞는 회화 내용이 담긴 책을 찾기 어렵습니다. 이 책은 이러한 한국인 학습자들의 입장을 고려하고, 한국인으로서 중국어를 표현하는 능력을 키워주고자 하는 목적에서 기획되었습니다. 본인은 오랫동안 중국어를 가르치면서 책을 많이 편찬했습니다. 좀더 학습자들에게 효율적이고 효과적으로 회화를 습득할 수 있는 교재를 개발해야 겠다는 욕심을 가지고 이 책을 펴내게 되었습니다.

이 교재는 초급, 중급, 고급, 마스터편, 프리토킹편 5권으로 나누어져 있습니다. 본 교재의 특징은 일상 생활에서 반드시 필요한 다양한 상황별 회화를 다루었으며, 필수 어법 또한 체계적으로 설명해 놓았습니다. 특히 학습자들이 이해하기 어려운 비슷한 단어들을 한눈에 들어올 수 있도록 도표로 정리해 놓았습니다. 본 교재의 연습문제 중 어휘 플러스는 저자가 독창적으로 개발한 것입니다. 이 코너는 한국에서 쓰는 한문과 중국어 뜻이 일치하는 단어를 선정하여 중국어를 보다 쉽고 재미있게 배우도록 꾸몄습니다. 그리고 문형 연습, 그림을 보고 말하기 등 다양한 연습문제가 준비되어 있으니 학습자들의 공부에 많은 도움이 되기를 바랍니다.

중국어를 공부하는 학습자들의 날로 진보하는 모습을 그려보면서 소기의 성과를 거둘 수 있기를 기원합니다. 끝으로 이런 저자의 의도에 기꺼이 응해주시고 적극적인 배려를 아끼지 않으신 송산출판사 윤우상 사장님 그리고 작업을 도와 주신 편집부 직원들의 노고에 감사를 드립니다.

2008년 6월

저자 **이명순**

'숨쉬는 중국어'는
이렇게 구성되었습니다!

生词

본문의 내용과 관련된 어휘를 회화 단어, 기타 단어 2개 부분으로 나누어 놓았습니다.

会话

각 과마다 꼭 익혀두어야 할 기본 표현을 다루었으니 잘 익혀두시면 공부에 도움이 많이 될 것입니다.

叙述

중국어 공부는 회화도 중요하지만 서술도 중요합니다. 따라서 쉽고 재미있는 내용을 서술 형식으로 꾸며 보았습니다.

语法解释

문법설명이 아주 체계적이며 또 학습자들이 이해하기 어려운 비슷한 단어들을 한눈에 들어올 수 있도록 도표로 정리해 놓았습니다.

词的搭配

단어를 많이 배우는 것보다 활용할 줄 아는 것이 더 중요합니다. 따라서 단어와 단어의 결합을 숙지해 두시면 중국식 표현에 익숙해지고 회화에도 도움이 많이 될 것입니다.

分组讨论

여러분들의 관심사들을 모아 자유롭게 자기 견해를 말씀해 보는 코너입니다.

选词填空

비슷한 단어를 구별하기 위하여 설정한 연습문제들입니다. 단어의 용법을 고려하여 문제를 풀어보세요.

完成句子

접속사와 관용어의 용법을 숙지하기 위한 코너입니다.

新语新词汇

근래 중국에서 새로 나온 단어들을 도표형식으로 정리해 놓았습니다.

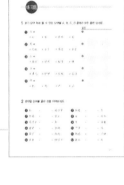

找反义词

반대말 찾기를 통해 더욱 다양한 표현을 배울 수 있는 코너입니다.

一问一答练习

짝꿍과 자유롭게 일문일답 연습을 하다 보면 자기도 모르는 사이에 중국어 실력이 향상될 것입니다.

看图叙述

그림을 보고 이야기를 꾸며보는 코너입니다. 여러분들의 상상력을 충분히 발휘하여 이야기를 재미있게 꾸며 보세요.

目录

韩国见闻录

崔尚元: 垃圾不能这么随便扔，得分类。

王小刚: 怎么分类啊？

崔尚元: 纸和纸放在一起，瓶子和瓶子放在一起，特别是食物垃圾，一定
要放在指定的地点。

王小刚: 我觉得韩国人很爱干净，而且又非常有礼貌，跟人打招呼的时
候都要鞠躬。

崔尚元: 你刚来韩国可能在很多方面不太习惯，不过慢慢会好的。

王小刚: 我觉得韩国生活节奏很快。无论是走路、吃饭还是办事儿都非
常快。

崔尚元: 这可能跟韩国人的急性子有关。

王小刚：我跟韩国人一起吃饭的时候，总是最后一个吃完，所以觉得很不好意思。

崔尚元：是啊！你们中国人吃饭很慢，而且午休时间也比较长。

王小刚：另外我还发现韩国人很爱国。

崔尚元：难道中国人就不爱国吗？

王小刚：我不是这个意思，我是说，韩国人无论是农产品还是工业产品都爱用国货，我们中国人买东西的时候，一般不会考虑是不是国货。

崔尚元：你的洞察力很强啊！看样子你在韩国生活不会有太大的问题。

分组讨论下面的问题

1 韩国人比较喜欢什么颜色？不喜欢什么颜色？为什么？

2 你觉得韩国人最大的优点是什么？最大的缺点呢？

3 你觉得韩国人好动还是好静？你呢？

4 你觉得韩国人和中国人文化差异大不大？韩国人和日本人呢？

5 为什么韩国人那么喜欢喝酒？

6 在你家的电器和日用品当中，有没有外国货？

7 你觉得性格慢好，还是性格急好？请举例说明。

中国人对韩国的印象

1　五多
　山多，车多，教堂多，饭店多，家庭主妇多。

2　韩国人很爱国
　在街上很难看到外国车，商店、酒店的电梯一般也都是国产的。

3　韩国女人爱美不怕冷
　冬天气温在零下几度时，韩国年轻女性还穿短裙或短裤。

4　交通秩序很好
　有一天晚上，我们出去买东西，想到马路对面，却找不到天桥过马路，只好横穿马路。这时，有两辆车在离我们还有30米左右的地方急刹车，司机还摆手让我们先过去，这件事让我们感到很惭愧。

5　印象最深的是厕所
　如果有人要问我，韩国的什么地方你印象最深刻？是济州岛还是爱宝乐园？都不是，让我印象最深的是那里的厕所。那里的卫生间个个都装修精美，设备齐全，没有异味。

生词

회화

- 垃圾 lājī · 몡 쓰레기
- 扔 rēng · 툉 버리다
- 分类 fēnlèi · 툉 분류하다
- 纸 zhǐ · 몡 종이
- 瓶子 píngzi · 몡 병
- 食物 shíwù · 몡 음식물
- 指定 zhǐdìng · 툉 지정하다
- 地点 dìdiǎn · 몡 곳. 장소
- 有礼貌 yǒulǐmào · 예의 바르다
- 打招呼 dǎzhāohu · 인사하다. 아는체하다
- 鞠躬 jūgōng · 툉 허리를 굽혀 절하다
- 节奏 jiézòu · 몡 리듬
- 无论 wúlùn · 젭 …을 막론하고
- 办事儿 bànshìr · 툉 일을 처리하다
- 急性子 jíxìngzi · 몡 급한 성미
- 有关 yǒuguān · 툉 관계가 있다
- 另外 lìngwài · 젭 그밖에. 이외에
- 爱国 àiguó · 툉 애국하다
- 难道 nándào · 뷔 설마…하겠는가?
- 农产品 nóngchǎnpin · 몡 농산품
- 工业产品 gōngyè chǎnpin · 몡 공산품
- 考虑 kǎolǜ · 툉 고려하다
- 国货 guóhuò · 몡 국산품
- 洞察力 dòngchálì · 몡 통찰력

기타

- 教堂 jiàotáng · 몡 교회
- 家庭主妇 jiātíng zhǔfù · 몡 가정주부
- 电梯 diàntī · 몡 엘리베이터
- 国产 guóchǎn · 몡 국산
- 爱美 àiměi · 툉 멋내기를 좋아하다
- 交通 jiāotōng · 몡 교통
- 秩序 zhìxù · 몡 질서
- 对面 duìmiàn · 몡 맞은편
- 天桥 tiānqiáo · 몡 육교
- 只好 zhǐhǎo · 뷔 부득이. 할 수 없이
- 横穿马路 héng chuān mǎlù · 무단 횡단하다
- 急刹车 jíshāchē · 툉 급브레이크를 밟다
- 摆手 bǎishǒu · 툉 손짓하다
- 惭愧 cánkuì · 혱 부끄럽다
- 印象 yìnxiàng · 몡 인상
- 装修 zhuāngxiū · 툉 인테리어하다
- 精美 jīngměi · 혱 아름답다
- 齐全 qíquán · 툉 완비하다
- 异味 yìwèi · 몡 이상한 냄새

语法解释

1 无论是走路、吃饭还是办事儿都非常快。

여기서 "无论"은 "…을 막론하고"라는 뜻으로 뒤에 명사나 동사가 올수도 있고 절이 올 수도 있다.

> 无论是农产品还是工业产品都爱用国货。
> 无论有多大困难，也要按时完成任务。

2 我是说韩国人无论是农产品还是工业产品都爱用国货。

여기서 "我是说"는 "내말은……이다"라는 뜻으로 상대방이 자기 뜻을 잘 못 이해할 때 사용한다.

> 我是说你说话有点儿太直(직선적이다) 了。
> 我是说你没必要送她回家，你又不是她的男朋友。

3 "特别"와 "尤其"의 비교

	뜻	설 명	예 문
特别	특별하다. 별나다	형용사	没有什么特别的理由。 他的性格很特别。
	특히. 아주	부사. 구어에 많이 쓰임.	我特别喜欢运动。 今年夏天特别热。 她特别吸引人。
特别是	특히	예를 들 때 쓰임.	我很喜欢运动，特别是乒乓球。 我很喜欢吃韩国菜，特别是泡菜。
尤其	특히.더욱	부사. 문어체 에 많이 쓰임.	我喜欢画画儿，尤其喜欢画风景画。 这部小说很有意思，最后一段尤其精彩。
尤其是	특히	예를 들 때 쓰임. 문어체 에 많이 쓰임.	我们对贵公司的安排非常满意，尤其是对昨天的参观访问，印象非常深刻。 我很喜欢听音乐，尤其是现代音乐。

1 보기 단어 뒤에 올 수 있는 단어를 A, B, C, D 중에서 모두 골라 보세요.

意思

❶ 分 ➡

　　ⓐ 红　　　ⓑ 家　　　ⓒ 东西　　　ⓓ 类

❶

❷ 有 ➡

　　ⓐ 礼貌　　ⓑ 水平　　ⓒ 思想　　ⓓ 素质

❷

❸ 打 ➡

　　ⓐ 基础　　ⓑ 官司　　ⓒ 招呼　　ⓓ 赌

❸

❹ 办 ➡

　　ⓐ 事儿　　ⓑ 护照　　ⓒ 垃圾　　ⓓ 签证

❹

❺ 停 ➡

　　ⓐ 机　　　ⓑ 电　　　ⓒ 产　　　ⓓ 业

❺

2 반대말 단어를 골라 선을 이어보세요.

❶ 扔　　　·　　　·　进口货　　　❼ 惭愧　·　　　·　窄

❷ 零钱　·　　　·　零上　　　　❽ 深　　·　　　·　陌生

❸ 急性子·　　　·　捡　　　　　❾ 宽　　·　　　·　自豪

❹ 国货　·　　　·　整钱　　　　❿ 干净　·　　　·　浅

❺ 零下　·　　　·　到达　　　　⓫ 熟悉　·　　　·　下降

❻ 出发　·　　　·　慢性子　　　⓬ 提高　·　　　·　脏

15

练习

짝궁에게 아래의 질문을 해보세요.

1　你第一次谈恋爱是什么时候？最近你和你的初恋联系过吗？他/她现在做什么？

2　跟朋友见面的时候，你们一般做什么？

3　你喜欢男老师还是女老师？为什么？

4　你印象最深的一次旅行是哪一次？请给大家讲一下那时的情景。

5　如果条件允许的话，你最想去哪个国家生活？为什么？

6　韩国有哪些值得游览的地方？

7　你有没有外国朋友？如果有，请你给大家介绍一下你们是怎么认识的。

짝궁의 대답을 메모하고 다시 확인해 보세요.

1

2

3

4

5

6

7

＊ 아래의 그림에 대하여 묘사해 보세요.

第2课 工作和家庭哪个更重要?

王海亮：我爱人整天埋怨我，说我只知道工作，不懂得关心和体贴家人。

申阳植：现在做个好男人可真难啊！在外面要有一个体面的工作，回到家里还要哄老婆和孩子开心。

王海亮：我们科长让我下个星期去美国出差，这一去就得10多天，我都不知道怎么跟老婆说。

申阳植：我告诉你一个好方法。

王海亮：什么好方法？你快说。

申阳植：回来的时候，在免税店，给嫂子买些名贵化妆品或一套漂亮的衣服。

王海亮：这一招儿已经不灵了。第一次我给爱人买礼物时，她特别高兴，可是，当她看到信用卡账单的时候，把我臭骂了一顿。

申阳植：你说信用卡我才想起来一件事儿，上个星期我跟朋友去酒吧喝酒，可能是喝醉了，点了好几瓶洋酒，结果花了40多万元。

王海亮：你还好，还没结婚，花多少钱也没人管。

申阳植：我倒是希望有人管我，你看，我参加工作5年了，一分钱也没攒下。

王海亮：你不是有女朋友吗？怎么还不快点儿结婚啊？

申阳植：不是我不想结婚，是她不想，她要念什么研究生，让我再等两年。

王海亮：夜长梦多啊！男女之间的事儿不能拖，一拖就会有变故。

申阳植：她很犟，我也说不过她，随缘吧。

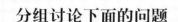

分组讨论下面的问题

1　生孩子的时候，如果你的丈夫因为工作太忙，不能陪在你的身边，你会埋怨你的丈夫吗？

2　如果你的妻子因为工作和学习想晚生孩子，你会同意吗？

3　你更喜欢工作型的男人还是家庭型的男人？为什么？

4　你更喜欢温顺型的女人还是有能力的女人？为什么？

5　你的丈夫帮你做家务吗？如果做，一般都做些什么？

6　你的妻子给你做早饭吗？

7　你周末加班的时候多不多？如果加班的话，有没有加班费？

8　如果你们公司让你去外国工作，可是你爱人不想去，这时你怎么办？

妻子最不喜欢的事情

1. 丈夫看见年轻漂亮的女人，就赞不绝口。
2. 一到周末丈夫就在家里睡大觉，要不就坐在沙发上看电视。
3. 每天晚上，丈夫要么加班，要么跟朋友一起喝酒，很少有早回家的时候。
4. 丈夫忽视娘家的亲戚。
5. 家里大大小小的事儿，丈夫都要一一过问，而且还要按他的意愿去处理每件事情。
6. 从来不帮助妻子做家务。

丈夫最不喜欢的事情

1.
2.
3.
4.
5.
6.

1	你爱人的弟弟结婚的话，你会拿多少钱？	A 50万　　　B 100万 C 150万　　　D 其他
2	你的朋友跟你借了二十万元，可是他忘了还，你会不会跟他要？	A 会的　　　B 不会
3	你的上司一到会餐的时候，就逼你喝酒，这时你怎么办？	A 逃跑　　　B 拒绝 C 勉强喝　　D 其他
4	你本来约好了跟你的妻子一起去洗桑拿，可是你的朋友突然来电话说，要你陪他喝酒，这时你会怎么办？	A 去喝酒　　B 去桑拿 C 其他
5	你得病住院了，做手术需要一大笔钱，这时你会跟谁借钱？	A 父母或者岳父、岳母 B 兄弟姐妹 C 银行　　　D 其他
6	通过做B超，你发现你的孩子是先天性残疾，这时你会怎么办？	A 坚持生下来 B 做人工流产 C 其他
7	在公司里，虽然你的职位比较高，跟上下级的关系也很好，但工资却不太高。这时，如果有人要高薪聘用你，你会怎么办？	A 拒绝　　　B 跳槽 C 其他
8	如果需要你去做义工的话，你会去什么地方做义工？	A 孤儿院　　B 养老院 C 其他
9	在找工作的时候，你首先考虑什么？	A 工资待遇　B 公司的规模 C 首先得自己喜欢 D 其他
10	如果下辈子你可以自由选择性别的话，你会选择做男人还是女人？	A 女人　　　B 男人

生词

- 埋怨 mányuàn · 동 불평하다. 원망하다
- 体面 tǐmiàn · 형 떳떳하다 명 체면. 면목
- 哄 hǒng · 동 달래다. 비위를 맞추다
- 嫂子 sǎozi · 명 형수. 아주머니
- 免税店 miǎnshuìdiàn · 명 면세점
- 名贵 míngguì · 형 유명하고 진귀하다
- 化妆品 huàzhuāngpǐn · 명 화장품
- 招儿 zhāor · 명 책략. 방법
- 灵 líng · 형 잘 듣다. 영리하다. 효력이 있다
- 臭骂 chòumà · 동 호되게 꾸짖다
- 一顿 yídùn · 한 바탕
- 洋酒 yángjiǔ · 명 양주
- 管 guǎn · 동 상관하다. 관여하다
- 倒是 dàoshi · 부 오히려. 도리어
- 念研究生 niàn yánjiūshēng · 대학원 공부를 하다
- 攒下 zǎnxià · (돈을) 모으다
- 夜长梦多 yè cháng mèng duō · 성 밤이 길면 꿈이 많다; 일을 길게 끌면 문제가 생기기 마련이다
- 拖 tuō · 동 (시간을) 끌다. 미루다
- 变故 biàngù · 명 (뜻밖에 발생한) 사고. 변고
- 犟 jiàng · 형 고집 세다. 고집스럽다
- 说不过 shuō bu guò · 말로는 이겨낼(당할) 수 없다. 설복시킬 수 없다
- 随缘 suíyuán · 동 인연을 따르다

- 赞不绝口 zàn bu jué kǒu · 성 칭찬이 입에서 그치지 않다. 칭찬이 자자하다
- 要不 yàobù · 접 그렇지 않으면
- 要么 yàome · 접 …하든지 …하든지
- 忽视 hūshì · 동 소홀히 하다
- 娘家 niángjia · 명 친정
- 过问 guòwèn · 동 참견하다. 간섭하다

- 逼 bī · 동 핍박하다. 강박하다
- 桑拿 sāngná · 명 사우나
- B超 B chāo · 명 초음파 검사
- 先天性 xiāntiānxìng · 명 형 선천성(의)
- 残疾 cánji · 명 불구자. 신체장애자
- 职位 zhíwèi · 명 직위
- 上下级 shàngxiàjí · 상사와 부하
- 高薪 gāoxīn · 높은 임금
- 跳槽 tiàocáo · 동 직장을 옮기다
- 做义工 zuò yìgōng · 봉사활동을 하다
- 下辈子 xiàbèizi · 명 내세(来世)
- 性别 xìngbié · 명 성별
- 逃跑 táopǎo · 동 도망가다. 달아나다
- 人工流产 réngōng liúchǎn · 명 인공 유산
- 孤儿院 gū'éryuàn · 명 고아원
- 养老院 yǎnglǎoyuàn · 명 양로원
- 待遇 dàiyù · 명 (봉급 · 지위 따위의) 대우

语法解释

1 "一……就……" 的用法

"一……就……"는 여러가지 뜻을 나타낼 수 있다.

❶ 첫 번째 "……하고 바로 ……하다"라는 뜻을 나타낸다.

我一下班就回家。
我一毕业就找到了工作。

❷ 두 번째 "……면 ……하다"라는 뜻으로 가정의 의미를 나타내기도 한다.

她一喝酒就醉。
我一看书就睡觉。

❸ 세 번째 "무엇을 했다하면 얼마이다"라는 뜻으로 수량이 많음을 나타낸다.

他一喝就是三，四瓶。
她很喜欢买衣服，一买就是好几套。

2 当她看到信用卡账单的时候，把我臭骂了一顿。

"一顿"은 "한바탕"이라는 뜻으로 일반적으로 욕을 먹거나 매를 맞았을 때와 같이 안 좋은 상황을 표현할 때 사용한다.

老师把我说了一顿。
爸爸把他揍(zòu, 때리다) 了一顿。

3 不是我不想结婚，是她不想。

"不是……是……"은 "……이 아니라 ……이다"라는 뜻을 나타낸다.

A: 你是不是不想结婚?
B: 不是我不想结婚，是她不想结婚。

관용어	뜻	예 문
说不过	말로는 이겨낼(당할) 수 없다. 설복시킬 수 없다.	我也说不过她，随缘吧。 谁也说不过他。 我可说不过你。
说不过去	말이 되지 않는다. 사리(경우)에 어긋나다. (사리에 맞지 않아) 더 말할 수 없다.	你这么做有点儿说不过去。 条件这么好，如果还不满意， 那就有点儿说不过去了。
说得过去	조리가 서다. 논리적이다.	只要在理论上说得过去就可 以。
	그런대로 괜찮다. 무난하다.	A: 我穿这件衣服这么样? B: 还说得过去。
好不过	…보다 못하다. …보다 더 나을 수 없다.	你那支金笔再怎么好也好不 过我的。
比不过	비교가 안 된다. 비교할 수 없다. 어림도 없다.	我可比不过你。 要说打篮球，我比不过他。
气不过	화가 나서(치밀어) 견딜 수 없다.	听到他讲这种无理的话，真叫 人气不过。
看不过(去)	간과할 수 없다. 볼 수 없다. 보고 있을 수 없다.	他一生气就打孩子，我真有点 儿看不过。 她这么虐待(nüèdài, 학대하다)老人， 我实在看不过去。
看得过去	볼 가치가 있다. 볼 만하다	这部电影还看得过去。
瞒不过	속여 넘길 수 없다. 숨길 수 없다	什么事情都瞒不过我妈。 这件事瞒不过他。
瞒得过	속여 넘기다	瞒得过一天，瞒不过一年。
敌不过	대적할 수 없다. 당해낼 수 없다.	我可敌不过他。

1 보기 단어 뒤에 올 수 있는 단어를 A, B, C, D 중에서 모두 골라 보세요.

	意思
❶ 花 ➡	❶
ⓐ 钱 ⓑ 时间 ⓒ 电 ⓓ 水	
❷ 点 ➡	❷
ⓐ 菜 ⓑ 歌儿 ⓒ 名 ⓓ 人	
❸ 报 ➡	❸
ⓐ 价 ⓑ 名 ⓒ 账 ⓓ 工作	
❹ 管 ➡	❹
ⓐ 人 ⓑ 事儿 ⓒ 钱 ⓓ 皮肤	
❺ 念 ➡	❺
ⓐ 大学 ⓑ 研究生 ⓒ 书 ⓓ 字	

2 반대말 단어를 골라 선을 이어보세요.

❶ 温柔 ・   ・ 信任   ❼ 别人 ・   ・ 旧衣服

❷ 年轻 ・   ・ 丑   ❽ 新衣服 ・   ・ 自己

❸ 漂亮 ・   ・ 刚强   ❾ 先天 ・   ・ 还

❹ 怀疑 ・   ・ 老   ❿ 借 ・   ・ 后天

❺ 免税 ・   ・ 哭   ⓫ 臭 ・   ・ 花钱

❻ 笑 ・   ・ 征税   ⓬ 攒钱 ・   ・ 香

3 ( )에서 골라 문장을 완성하시오.

❶ 他老爱(埋怨/怪)人，这是一个很不好的习惯。

❷ 这份儿工作看上去很(体面/脸面)，其实做起来并不像你所想象的那么容易。

❸ 这个药很(灵/灵敏)，我才吃了一片儿，牙就不疼了。

❹ 当我大学毕业的(时候/时)，你还是个小孩子呢。

❺ 你先(点/要)一首歌吧，我还没找到我要唱的歌。

❻ 我想把这些钱先(攒下/攒起来)，等结婚的时候再用。

❼ 他整天就知道工作，一点儿也不(关心/感兴趣)我。

4 "让"，"一……就……"，"……的时候"，"不是……是……"의 뜻을 고려하여 아래의 문장을 완성하시오.

❶ 我爱人不让我＿＿＿＿＿＿＿＿＿＿。

❷ 老师让你＿＿＿＿＿＿＿＿＿＿。

❸ 我在海外事业部工作，所以经常出差，一去就是＿＿＿＿＿＿＿＿＿＿。

❹ 他特爱喝酒，一喝就是＿＿＿＿＿＿＿＿＿＿。

❺ 刚来韩国的时候我还不太习惯，现在＿＿＿＿＿＿＿＿＿＿。

❻ 不是我不去，是他不让＿＿＿＿＿＿＿＿＿＿。

❼ 不是我不想学，是没有＿＿＿＿＿＿＿＿＿＿。

＊ 아래의 그림에 대하여 묘사해 보세요.

- 跳绳 tiàoshéng 줄넘기를 하다
- 哑铃 yǎlíng 아령

27

第3课 网上购物

曲美丽：我想买个蓝牙耳机，可是不知道哪家商店卖的蓝牙耳机质量好，
价格又便宜。

刘小红：现在卖蓝牙耳机的商店特多，你可以先逛一圈儿，
比较一下价格和质量，然后再买。

曲美丽：我最讨厌逛街了，因为总是想买到最满意的东西，所以每次都
会逛一整天，累都累死了。

刘小红：那你可以去淘宝网买啊。

曲美丽：网上购物？太不可靠了吧？

刘小红：你是说怕被骗吗？现在都是把钱放在支付宝里，等收到东
西后，钱才会转到对方的账户上，非常安全。

曲美丽：我知道现在安全度很高，可是申请一个账户也很麻烦呀，我上
次申请了半天都没弄上。

刘小红: 那有什么麻烦的? 哎, 我看你还是直接用我的账户算了。

曲美丽: 那也成。

刘小红: 今天晚上我把账户和密码都告诉你, 你先在网上选吧。

曲美丽: 可我还是有点儿不放心。

刘小红: 有什么可不放心的?

曲美丽: 在网上买东西, 又不能试, 又不能摸, 如果不满意的话, 虽然可以退货, 但我还得付运费。

刘小红: 你怎么事儿那么多啊?

曲美丽: 我还不习惯在网上购物。

刘小红: 我有一个好办法! 你先随便找一家商店看看, 管它卖得贵还是便宜, 让售货员给你介绍一下各种产品, 你看喜欢哪个, 选好颜色和式样。

曲美丽: 我跟你说过了, 我不喜欢逛商店。

刘小红: 那你可以不逛商店, 直接在网上买啊。

曲美丽: 知道啦, 那你把你的账户和密码发到我的手机上吧。

刘小红: 好的。

分组讨论下面的问题

1   你喜欢在网上购物吗?最近你在网上买过什么东西?

2   你一般在网上购买什么样的东西?

3   你在网上购物遇到过麻烦事儿吗? 如果有, 请你叙述一下那时的情形。

4   有人说在网上购物会上瘾, 你周围有没有这样的人?

5   你一般在哪个购物网购物? 为什么?

6   在网上购物的时候, 你一般是根据什么来判断商品的好坏?

* 아래의 물건들을 인터넷 쇼핑에서 구매하였다고 가정하고, 이에 대한 평가를 적어 보세요.

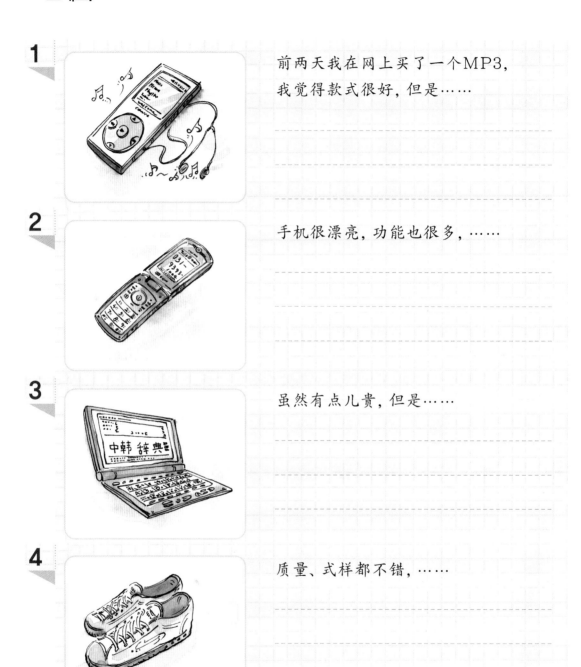

1

前两天我在网上买了一个MP3，
我觉得款式很好，但是……

2

手机很漂亮，功能也很多，……

3

虽然有点儿贵，但是……

4

质量、式样都不错，……

汉语	韩语	汉语	韩语
下载 xiàzài	다운로드하다	圈儿a quānr a	골뱅이
网址 wǎngzhǐ	웹 사이트 주소	硬盘 yìngpán	하드 디스크
网站 wǎngzhàn	웹 사이트	光盘 guāngpán	CD
搜索 sōusuǒ	검색하다	安装 ānzhuāng	설치하다
查询 cháxún	조회하다	桌面 zhuōmiàn	바탕화면
登录 dēnglù	로그인하다	黑客 hēikè	해커
聊天室 liáotiānshì	채팅룸	网友 wǎngyǒu	채팅 친구
单击 dānjī	클릭하다	上网 shàngwǎng	인터넷을 하다
双击 shuāngjī	더블클릭하다	联机 liánjī	로그인 상태
乱码 luànmǎ	(글이) 깨지다	脱机 tuōjī	로그아웃 상태
博客 bókè	블로그	贴吧 tiēbā	낙서장, 토론방
删除 shānchú	삭제하다	视频 shìpín	화상채팅, 동영상
确定 quèdìng	확인	取消 qǔxiāo	취소하다
打印 dǎyìn	인쇄하다	保存 bǎocún	저장하다

生词

□ 一圈儿 yìquānr • 한 바퀴

□ 讨厌 tǎoyàn • 동 싫어하다. 미워하다

□ 总是 zǒngshì • 부 반드시. 언제나

□ 一整天 yìzhěngtiān • 명 온종일

□ 淘宝网 táobǎowǎng • 타오바오왕(인터넷 쇼핑몰 이름)

□ 购物 gòuwù • 동 구매하다

□ 可靠 kěkào • 형 믿을 만하다

□ 被骗 bèipiàn • 동 속다

□ 支付宝 zhīfùbǎo • 타오바오왕의 결제 센터

□ 转到 zhuǎndào • 동 대체 송금하다. 이체하다

□ 账户 zhànghù • 명 계좌(참고: 타바오왕에서 쇼핑할 때 타바오왕 전용 계좌를 개설하여 결재함)

□ 安全度 ānquándù • 명 안전도

□ 直接 zhíjiē • 명 형 직접(의)

□ 选 xuǎn • 동 고르다. 선택하다

□ 摸 mō • 동 만지다

□ 虽然 suīrán • 접 비록 …일지라도(하지만)

□ 退货 tuìhuò • 동 반품하다

□ 付 fù • 동 지불하다

□ 运费 yùnfèi • 명 운임. 운송료

□ 管它… guǎntā… • 상관하지 않는다

□ 售货员 shòuhuòyuán • 명 판매원

□ 上瘾 shàngyǐn • 동 인이 박히다. 중독되다

□ 购物网 gòuwùwǎng • 명 인터넷 쇼핑몰

□ 根据 gēnjù • 동 근거하다

□ 判断 pànduàn • 동 판단하다

□ 好坏 hǎohuài • 명 좋고 나쁨. 잘잘못

□ 款式 kuǎnshì • 명 디자인. 스타일

* 蓝牙 lányá • 명 블루투스

* 耳机 ěrjī • 명 이어폰

语法解释

1 "因为……，所以……"의 용법

접속사 "因为……，所以……"는 "……때문에"라는 뜻으로 앞절은 원인을 나타내고, 뒷절은 결과에 대한 추측이나 판단을 나타낸다.

小李因为身体不太好，所以明天不能参加比赛了。
因为没买到今天的火车票，所以我们只好坐明天的火车了。

원인이나 이유를 뒷절에 놓을 수도 있다.

我们要向他学习，因为他有经验。
我每天六点就得起床，因为我们公司八点上班。

2 累都累死了。

"累都累死了"는 "힘들어 죽겠다"라는 뜻을 나타낸다.

气都气死了。

3 "虽然……,但是……"의 용법

"虽然……,但是……"는 "비록……일지라도"라는 뜻으로 어떤 상황을 우선 인정하고 나서 다른 상황에 더욱 의미를 부여함을 나타낸다.

虽然天气很冷，但是他每天都坚持锻炼身体。
虽然他的病相当严重(심각하다)，但是他非常乐观(낙관적이다)。

4 "管它"의 용법

"管它"는 "상관하지 않는다"라는 뜻으로 술어 앞에 쓰인다.

你先随便找一家商店看看，管它卖得贵还是便宜。
就这么决定了，管它同不同意。

1 보기 단어 뒤에 올 수 있는 단어를 A, B, C, D 중에서 모두 골라 보세요.

意思

❶ 逛 ➡

ⓐ 街　　ⓑ 街道　　ⓒ 马路　　ⓓ 商店

❶

❷ 申请 ➡

ⓐ 奖学金　ⓑ 贷款　　ⓒ 休息　　ⓓ 签证

❷

❸ 付 ➡

ⓐ 钱　　ⓑ 运费　　ⓒ 代价　　ⓓ 款

❸

❹ 网上 ➡

ⓐ 看电影　ⓑ 购物　　ⓒ 聊天儿　ⓓ 银行

❹

❺ 被 ➡

ⓐ 害　　ⓑ 骗　　ⓒ 输　　ⓓ 打

❺

❻ 弄 ➡

ⓐ 饭了　　ⓑ 好了　　ⓒ 坏了　　ⓓ 洒了

❻

❼ 选 ➡

ⓐ 女朋友　ⓑ 课　　ⓒ 专业　　ⓓ 班长

❼

❽ 退 ➡

ⓐ 学　　ⓑ 房　　ⓒ 公司　　ⓓ 货

❽

❾ 气 ➡

ⓐ 人　　ⓑ 多　　ⓒ 不平　　ⓓ 疯

❾

2 ( )에서 골라 문장을 완성하시오.

❶ 你对我有什么不(满意/喜欢/满足)的地方, 尽管说出来好了。

❷ 在网上购物会不会不(可靠/信任/相信)啊?

❸ 我已经把钱(转移/转到/转账)你的账户上了, 你现在确认一下吧。

❹ 时间来不及了, 我们还是(一直/直接/就)去机场吧。

❺ 这学期你(选择/选/申请)什么课了?

❻ 坐地铁(又/一边/也)快,(又/一边/也)便宜,(又/一边/也)舒适。

❼ 那你把你的账户和密码发(到/给/在)我的手机上吧。

3 접속사 "可是", "因为……所以……", "又……又……"의 뜻을 고려하여 아래의
문장을 완성하시오.

❶ 我想买个电脑, 可是不知道_____。

❷ 我很想参加你的婚礼, 可是_____。

❸ 我知道在网上买东西很方便, 可是_____。

❹ 因为最近工作比较忙, 所以_____。

❺ 因为我还没结婚, 所以_____。

❻ 有孩子的话, 又不能_____, 又不能_____, 所以_____。

❼ 在网上买东西, 又_____, 又_____, 所以_____。

짝꿍에게 아래의 질문을 해보세요.

1. 你平均每天上几个小时的网？回到家里以后上不上网？

2. 一般来讲，你上网都做什么？

3. 现在垃圾邮件比较多，你一般怎么处理你收到的垃圾邮件？是看完以后再删(shān, 삭제하다)，还是看也不看马上就删掉？

4. 有些人，特别是男孩子喜欢去网吧玩儿游戏，而不喜欢在家里玩儿，这是为什么呢？

5. 你经常给你的朋友发电子邮件吗？你给你的父母发过电子邮件吗？

6. 因特网给我们的生活带来了哪些变化？如果让你到没有因特网，也没有电话的地方生活的话，你会有什么感觉？

짝꿍의 대답을 메모하고 다시 확인해 보세요.

1.

2.

3.

4.

5.

6.

＊ 아래의 그림에 대하여 묘사해 보세요.

第4课 有啥别有病，没啥别没钱

曲美丽：你知道吗？咱邻居家的小王得了白血病。

刘小红：真的？那咱们哪天去看看他吧，给他买点水果什么的。

曲美丽：不用了，他已经出院了，人家有个有钱的哥哥，一下给他拿了一百万，才治疗了三个月就完全好了。

刘小红：那真是太好了。哎，有钱就是好啊！

曲美丽：是啊，我有个朋友，才42岁，得了白血病，但是因为没钱治病，两个月之后就死了。

刘小红：所以啊，"有啥别有病，没啥别没钱。"

曲美丽：对对，这句话说得真是太经典了。上次我爷爷住院的时候，真是气死我了！

刘小红：怎么了？

曲美丽：那天早上我爷爷晨跑，突然晕倒了，幸好有位好心人把他送进了医院，我们随后就赶到了。可你猜怎么着？医生开了一张缴费单，就等着我们家属过去，不交钱不给治病。

刘小红：是太过分了。

曲美丽：他们啊，都被钱打晕了。

刘小红：要是有钱能给医生多塞点红包，我看，他们马上就会来个360度大转变。虽然钱不是万能的，但没有钱是万万不行的啊！

曲美丽：谁说不是呢？幸亏爷爷得的不是什么大病，几天后就出院了。

刘小红：虽然现在医疗技术很发达，只要有钱大多数病都能治好，可是也有很多时候是有钱也没办法的！所以身体健康比什么都重要。

曲美丽：是啊！代我向你爷爷奶奶问个好，让两位老人家多注意身体！

刘小红：谢谢！我一定转告。

分组讨论下面的问题

1 你住过院吗？什么时候？是什么病？

2 在你周围有得癌症的人吗？

3 如果你的朋友需要做手术，急需用钱，你会资助他吗？

4 如果你的兄弟姐妹得了不治之症，需要很大一笔钱，你会不会为了资助他，把房子卖了？

5 你同意安乐死吗？

6 你觉得韩国现行的医疗保险制度合理吗？

7 你买人寿险了吗？

1　如果长得不好，就让自己有才气；如果才气也没有，那就要微笑。

2　不要向朋友借钱。

3　坚持在背后说别人的好话。

4　尊敬不喜欢你的人。

5　要知道感恩。

6　要学会聆听。

7　一定要谦虚。

8　有时要明知故问，比如："你的钻戒很贵吧?"有时，想问也不能问，比如："你多大了?"

9　话多失误也会多，人多的场合少说话。

10　说话的时候，把"不"改成："这需要时间"，"我尽力"，"我考虑考虑，然后给你打电话"……

生词

白血病 báixuèbìng · 명 백혈병

一下 yíxià · 명 단번. 일시

治疗 zhìliáo · 동 치료하다

治病 zhìbìng · 동 치료하다

啥 shá · 대사 무슨(사천 방언)

经典 jīngdiǎn · 명 경전. 고전

晨跑 chénpǎo · 명 아침 조깅

晕 yūn · 동 기절하다. 까무러치다

晕倒 yūndǎo · 동 기절하여 쓰러지다

幸好 xìnghǎo · 부 다행이

可 kě · 부 그런데

怎么着 zěnmezhāo · 대사 어떻게 하다

缴费单 jiǎofèidān · 명 납부서

要是 yàoshi · 접 만약 …하면

塞 sāi · 동 쑤셔 넣다

红包 hóngbāo · 명 돈 봉투

转变 zhuǎnbiàn · 동 바뀌다. 전환하다

万能 wànnéng · 형 만능이다

万万 wànwàn · 부 결코. 절대로

医疗 yīliáo · 명 의료

只要 zhǐyào · 접 …하기만 하면

向… 问好 xiàng…wènhǎo · …에게 안부를
묻다

转告 zhuǎngào · 동 전달하다

癌症 áizhèng · 명 암

不治之症 bú zhì zhī zhèng · 명 불치병

资助 zīzhù · 동 재물로 돕다

安乐死 ānlèsǐ · 명 안락사

医疗保险 yīliáo bǎoxiǎn · 의료 보험

制度 zhìdù · 명 제도

合理 hélǐ · 형 합리적이다

现行 xiànxíng · 형 현행의

人寿险 rénshòuxiǎn · 명 생명 보험

才气 cáiqì · 명 재질

微笑 wēixiào · 명 동 미소(하다)

背后 bèihòu · 부 남몰래. 뒤에서

感恩 gǎn'ēn · 동 은혜에 감사하다

聆听 língtīng · 동 정중히 듣다

谦虚 qiānxū · 형 겸손하다

明知故问 míng zhī gù wèn · 성 잘 알면서
일부러 묻다

钻戒 zuànjiè · 명 다이아몬드 반지

比如 bǐrú · 접 예컨대

失误 shīwù · 동 실수를 하다

场合 chǎnghé · 명 상황. 장소

尽力 jìnlì · 동 힘을 다하다. 최선을 다하다

语法解释

1 他们啊，都被钱打晕了。

여기서 "被钱打晕了"는 "돈밖에 모른다"는 뜻이다.

2 可你猜怎么着？

여기서 "可你猜怎么着?"는 남에게 어떤 이야기를 해줄 때, 상대방의 호기심을 유발하기 위하여 "근데 어떻게 됐는지 알아?"라는 의미를 나타낸다.

3 我看，他们马上就会来个360度大转变。

여기서 "360度大转变"는 "태도가 360도로 바뀐다"는 뜻이다.

4 要是有钱能给医生多塞点红包。

접속사 "要是"는 "만약, 만일"이라는 뜻으로 문두 혹은 주어 뒤에 사용하여 가정을 나타내며, 접속부사 "就, 那(么)"는 뒷절에 사용하여 가정된 상황으로부터 발생한 결과를 나타낸다.

要是明天下雨，那我们就不去登山了。
要是没有钱的话，就得躺在家里等死。

5 "只要……，(就)……"의 용법

접속사 "只要……,(就)……"는 모종의 조건하에서는 반드시 모종의 결과가 발생함을 나타낸다. 접속사 "只要"는 조건을 나타내는 앞절에 사용하며, 접속부사 "就"는 결론을 나타내는 뒷절의 주어 뒤에 사용한다.

只要你同意，我们马上就动工(착공하다)。
只要努力，就一定能取得好成绩。

真想不读这大学了

爸爸：

这两天您要给我打电话了吧？您会给我寄多少呢？是240元，还是260元？上次我对您说让您不要再寄260元钱了，真的，240元加上每个月发的30元的补助，共270元够用了。可是您却不同意，一定要寄260元。

爸爸，我好几次都想问您，您一餐到底花多少钱？可是我没问。到现在实在是忍不住了，我想，您每个月拿500元左右的工资，其中的260元钱汇给我，110元用来交房租，剩下的只有130元，竟然是您每个月的生活费！我没有忘记您有一次在电话里抱怨说昆山的东西贵。现在我想问您，在昆山，100元钱能干些什么？有时候，我很想退学不上，想离开这花费巨大的大学生活，去赚钱养活您。甚至好几次都下定决心，要对您说出我的想法，但每次您打来电话时，我都没有说，其实是不敢说。我知道您那么大的年纪，还背井离乡、辛苦打工是为了什么，我当然知道。

可是，我真不忍心看到您这么大年纪了还为我吃苦。

爸爸，不知道昆山现在是不是很热，兰州这两天下了一场雨，所以很冷快。真心希望，昆山的夏天能凉凉爽爽，让您感觉不到热。

爸爸，除了好好学习，我现在能为您做的，只有这些祈祷了。

爸爸，我爱您！

祝您健康！

儿子：星星

摘自《意林》

生词

- 加 jiā · 动 더하다. 보태다
- 补助 bǔzhù · 动 보조하다
- 汇 huì · 动 송금하다
- 忍不住 rěn bu zhù · 动 참을(견딜) 수 없다
- 剩下 shèngxia · 动 남다
- 竟然 jìngrán · 副 뜻밖에도. 의외로
- 抱怨 bàoyuàn · 动 원망하다
- 昆山 Kūnshān · 퀸산(지명)
- 退学 tuìxué · 动 퇴학하다
- 养活 yǎnghuo · 动 부양하다. 먹여 살리다
- 下定决心 xià dìng juéxīn · 결심을 하다

- 甚至 shènzhì · 副 심지어
- 巨大 jùdà · 形 거대하다
- 背井离乡 bèi jǐng lí xiāng · 成 고향을 등지고 떠나다
- 不忍心 bù rěnxīn · 动 냉정하게…하지 못하다
- 吃苦 chīkǔ · 动 고생하다
- 兰州 Lánzhōu · 란저우(지명)
- 凉凉爽爽 liáng liang shuǎng shuǎng · 아주 시원 하다
- 祈祷 qídǎo · 动 기도하다

43

1 보기 단어 뒤에 올 수 있는 단어를 A, B, C, D 중에서 모두 골라 보세요.

意思

❶ 得 ➡

    ⓐ 病   ⓑ 奖金   ⓒ 朋友   ⓓ 帮助

❷ 白 ➡

    ⓐ 血病   ⓑ 班   ⓒ 大   ⓓ 干

❸ 治 ➡

    ⓐ 经济   ⓑ 国   ⓒ 水   ⓓ 病

❹ 睡 ➡

    ⓐ 觉   ⓑ 懒觉   ⓒ 深   ⓓ 午觉

❺ 开 ➡

    ⓐ 公司   ⓑ 药方   ⓒ 课程   ⓓ 发票

❻ 交 ➡

    ⓐ 钱   ⓑ 作业   ⓒ 商品   ⓓ 朋友

❼ 出 ➡

    ⓐ 院   ⓑ 交通事故

    ⓒ 书   ⓓ 门

❽ 塞 ➡

    ⓐ 红包   ⓑ 车   ⓒ 钱   ⓓ 水

❾ 注意 ➡

    ⓐ 开车   ⓑ 身体   ⓒ 上当   ⓓ 安全

❶

❷

❸

❹

❺

❻

❼

❽

❾

2 ( )에서 골라 문장을 완성하시오.

❶ 最近我比较闲，除了周末以外，(那天／哪天)都有空。

❷ 对不起，我(一下／一次)拿不出那么多钱，你还是去问问别人吧。

❸ 即使有病，因为贫困(本来／根本)不敢去医院治疗。

❹ 我急急忙忙跑到火车站，(幸运／幸好)火车还没有开。

❺ 这个孩子我可(管／管理)不了，上课不听课不说，还影响左右的同学。

❻ 我(看／跑)了很多地方，好不容易才买到。

❼ (只要／只有)有钱一般的病都能治好，即使得了癌症，如果发现得早，听说也可以治好。

3 접속사 "只要……就……", "如果……(的话)，(就)……", "虽然……但(是)……"의 뜻을 고려하여 아래의 문장을 완성하시오.

❶ 只要努力工作，就会＿＿＿＿＿＿＿＿＿＿＿＿。

❷ 如果明天不下雨的话，＿＿＿＿＿＿＿＿＿＿＿＿。

❸ 如果能拿到奖学金，那我＿＿＿＿＿＿＿＿＿＿＿＿。

❹ 他虽然脑子有点儿笨，但＿＿＿＿＿＿＿＿＿＿＿＿。

❺ 虽然感冒了，但他还是坚持＿＿＿＿＿＿＿＿＿＿＿＿。

❻ 我虽然不是他的亲生母亲，但我＿＿＿＿＿＿＿＿＿＿＿＿。

* 보기와 같이 주어진 단어를 이용하여 문장을 만들어 보세요.

| 如果……（那）就…… | 如果你明天有事的话，就不要来了，我一个人去也可以。 |

如果……（那）就…… ➡

| 虽然……但是…… | 虽然价格有点儿贵，但是质量和式样都很好。 |

虽然……但是…… ➡

| 因为……所以…… | 因为昨天晚上喝了很多酒，所以今天早上起床以后，头疼得特别厉害。 |

因为……所以…… ➡

| 只要…… 就…… | 只要明天不下雨，我们就去登山。 |

只要…… 就…… ➡

| 管它 | 管它贵还是便宜，买了再说。 |

管它 ➡

* 아래의 그림에 대하여 묘사해 보세요.

- 缠 chán 둘둘 감다
- 绷带 bēngdài 붕대
- 拄 zhǔ (지팡이 따위로) 몸을 지탱하다
- 拐杖 guǎizhàng 지팡이
- 轮椅 lúnyǐ 휠체어

....

....

....

....

....

第5课 中韩两国烟酒文化差异

王小刚: 我想请教你一个问题。

崔尚元: 什么问题?你尽管问好啦。

王小刚: 我发现韩国男人斟酒的时候，把左手贴在胸上，然后用右手斟酒，那是为什么呀?

崔尚元: 那是表示尊敬。一般来说，晚辈给长辈斟酒的时候要用双手。

王小刚: 呵，还有这种说法啊?

崔尚元: 我觉得中国人无论在什么场合都特别喜欢敬烟。

王小刚: 难道在韩国就没有这种习惯吗?

崔尚元: 是的。因为吸烟损害健康，所以一般不敬烟。

王小刚: 在中国敬烟是一种社交的手段，人们通过敬烟来建立感情。

崔尚元：那如果有人递给我烟的话，我就不应该拒绝，是不是？

王小刚：是的。除非你戒了。

崔尚元：原来是这样，看来我以后也得学会敬烟了。

王小刚：哎，昨天我跟韩国人一起喝酒，学会了两样东西。

崔尚元：哪两样东西？

王小刚：一个是用我自己的杯子给别人斟酒，另一个是啤酒兑洋酒喝的"炸弹酒"。

崔尚元：我觉得中国人喝酒比较随便，不像我们韩国人有那么多讲究。比如说，干杯的时候，够不到对方，就用手在桌子上敲两下，看上去挺潇洒的。

王小刚：你观察得挺细啊！

崔尚元：还有一个特别有趣儿的事情。在中国喝酒的时候，只要服务员看见你的杯子不是满的，就会给你加满。

王小刚：如果不想喝的话，那你可以告诉他们不要给你倒酒。

崔尚元：我跟服务员说了，可是她好像没听懂，也许是我的发音不太标准。

王小刚：看来你以后更得好好学汉语了，要不然以后吃亏的事儿多着呢。

分组讨论下面的问题

1　你抽烟吗？是从什么时候开始抽的？

2　你戒过烟吗？如果没戒过，那你有没有戒烟的打算？

3　你喝醉过几次？请你叙述一下那时的情景。

4　你最喜欢跟什么样的人一起喝酒？你最讨厌跟什么样的人喝酒？

5　如果你的女朋友抽烟的话，你会不会反对？为什么？

6　考虑到你的身体状况，大夫让你戒烟、戒酒的话，你会怎么办？

	中国人的表达方式	韩国人的表达方式
穿着	A: 这是我新买的衣服,你看怎么样? B: 我觉得不太好,颜色太艳了。	A: 你买新衣服了? B: 你看怎么样? A: 挺漂亮的,颜色很鲜艳,显得脸白。
发型	A: 我烫发了,怎么样? 好不好看? B: 原来的发型挺好看的,怎么剪短了呢? 这种发型显得脸大。 A: 真的?那怎么办?	A: 你换发型了? B: 怎么样? 漂亮吗? A: 非常漂亮,至少年轻了五、六岁。 B: 你想吃什么?今天我请客。
年龄	A: 你今年多大了? B: 你猜呢? A: 三四十吧。	A: 你今年多大了? B: 你猜呢? A: 三十一二吧。
打扮	A: 你怎么这么不会打扮啊? B: 怎么了? A: 瞧你这头,像个鸡窝似的,上衣和裙子也不搭配。	A: 你可真会打扮! 简直像演员。 B: 哪里哪里! A: 真的,你不仅皮肤好,而且还很会打扮,看上去非常年轻。
备注	中国人喜欢实话实说。比如说,当看到别人新买的衣服或者发型不好看时,就会说:"不好看"。可是,韩国人见面的时候一般很少说"不好看"之类的话,一般人们都会挑对方喜欢的话说,比如说,漂亮啦,显得年轻啦,皮肤好啦等等。	

生词

회화

- 差异 chāyì • 몡 차이
- 请教 qǐngjiào • 통 가르침을 청하다
- 尽管 jǐnguǎn • 뛰 얼마든지. 마음 놓고
- 斟酒 zhēnjiǔ • 술을 따르다
- 贴 tiē • 통 붙이다
- 胸 xiōng • 몡 가슴
- 表示 biǎoshì • 통 나타내다
- 尊敬 zūnjìng • 몡 통 존경(하다)
- 晚辈 wǎnbèi • 몡 손아랫사람
- 长辈 zhǎngbèi • 몡 손윗사람. 연장자
- 说法 shuōfǎ • 몡 견해. 표현법
- 敬烟 jìngyān • 통 담배를 권하다
- 损害 sǔnhài • 통 해치다. 손상시키다
- 社交 shèjiāo • 몡 사교
- 手段 shǒuduàn • 몡 수단
- 通过 tōngguò • 통 …을(를) 거치다
- 建立 jiànlì • 통 맺다. 이루다
- 递 dì • 통 건네다
- 拒绝 jùjué • 통 거절하다
- 除非 chúfēi • 젭 …아니고서는
- 两样 liǎngyàng • 두 가지
- 杯子 bēizi • 몡 컵
- 兑 duì • 통 (물 따위를) 섞다. 타다
- 洋酒 yángjiǔ • 몡 양주
- 炸弹酒 zhàdànjiǔ • 몡 폭탄주
- 比如说 bǐrúshuō • 예를 들면
- 够不到 gòu bu dào • 닿지 못하다
- 敲 qiāo • 통 두드리다
- 潇洒 xiāosǎ • 혱 멋있다
- 观察 guānchá • 몡 통 관찰(하다)
- 细 xì • 혱 세심하다
- 有趣儿 yǒuqùr • 혱 재미있다
- 满 mǎn • 혱 가득하다. 가득 차 있다
- 倒酒 dàojiǔ • 술을 따르다
- 吃亏 chīkuī • 통 손해를 보다

기타

- 表达 biǎodá • 통 (생각 · 감정을) 표현하다
- 艳 yàn • 혱 (색채가) 화려하다
- 鲜艳 xiānyàn • 혱 (색이) 산뜻하고 아름답다
- 烫发 tàngfà • 통 파마하다
- 发型 fàxíng • 몡 헤어스타일
- 剪短 jiǎnduǎn • 짧게 자르다
- 打扮 dǎban • 통 단장하다. 치장하다
- 瞧 qiáo • 통 보다
- 鸡窝 jīwō • 몡 닭장
- 皮肤 pífū • 몡 피부
- 像…似的 xiàng…shìde • (마치)…과 같다
- 搭配 dāpèi • 통 (옷이) 어울리다
- 简直 jiǎnzhí • 뛰 그야말로. 정말
- 演员 yǎnyuán • 몡 연기자
- 实话实说 shí huà shí shuō • 솅 사실대로 말하다
- 挑 tiāo • 통 고르다

语法解释

1 "尽管"의 용법

부사 "尽管"은 "얼마든지. 마음 놓고"라는 뜻을 나타낸다.

> 有什么问题，你尽管问。
> 有意见尽管提，不要客气。

2 "难道"의 용법

부사 "难道"는 "설마……하겠는가? 그래……란 말인가?"라는 뜻으로 반문의 어기를 강조하는 문장에 쓰이며 문장 끝에 "吗"와 호응할 수 있다.

> 他们做得到，难道我们就做不到吗？
> 难道你真的不知道吗？

3 "除非"의 용법

접속사 "除非"는 "…아니고서는"의 의미로 쓰여 어떤 일의 조건을 제시하며 대개 문장의 뒤절에 오며, 앞절은 결과를 제시한다.

> 如果有人递给你烟的话，你就不应该拒绝，除非你戒了。
> 他不会来的，除非你亲自去请他。

4 "也许"의 용법

부사 "也许"는 "아마도"라는 뜻으로 추측이나 불확실함을 나타낸다.

> 星期天也许加班。
> 吃了药也许就不疼了。

韩国人对中国的印象

1 三多：名胜古迹多，人多，自行车也很多。

2 中国很大，从南到北坐火车大概要3天。

3 中国人特别热情。

4 夏天，有些男人在公共场合光着膀子走路。

5 公休日不多，但休息时间特长。春节、五一和十一，一次休7~15天。

6 农村的公共厕所至今没有间壁，有些地方的厕所还没有门。

7 专有名词基本上不用外来语，改用中文名称。比如Carrefour叫家乐福。

8 中国一般都是双职工家庭，而且大部分的男人都做家务。

9 手机是先付费制，充多少打多少，到外地还加收漫游费。

10 交通秩序比较混乱。

11 有种调料叫香菜，味道真让人受不了，吃过的人才知道。

12 住新房或店铺开业时，燃放大量的鞭炮。

生词

□ 光膀子 guāngbǎngzi • 웃통을 벗다
□ 至今 zhìjīn • 🖣 지금까지
□ 间壁 jiānbì • 간이 칸막이 벽
□ 专有名词 zhuānyǒu míngcí • 고유 명사
□ 基本上 jīběn shang • 대체로. 거의
□ 外来语 wàiláiyǔ • 🖲 외래어
□ 改用 gǎiyòng • 🖲 고쳐 쓰다
□ 名称 míngchēng • 🖲 명칭
□ 双职工 shuāngzhígōng • 맞벌이 부부
□ 先付费 xiān fùfèi • 선불

□ 充 chōng • 🖲 (핸드폰에 돈·전기 등을) 충전하다
□ 加收 jiāshōu • 🖲 추가 징수하다
□ 漫游费 mànyóufèi • 국내·국제 로밍 요금
□ 混乱 hùnluàn • 🖲 혼란하다
□ 香菜 xiāngcài • 🖲 고수(향냄새 나는 야채)
□ 店铺 diànpù • 🖲 점포. 가게
□ 开业 kāiyè • 🖲 개업하다
□ 燃放 ránfàng • 🖲 폭죽 따위에 불을 붙여 터뜨리다
□ 鞭炮 biānpào • 🖲 폭죽

1 보기 단어 뒤에 올 수 있는 단어를 A, B, C, D 중에서 모두 골라 보세요.

	意思
❶ 敬 ➡	❶
ⓐ 酒　　ⓑ 烟　　ⓒ 吃　　ⓓ 水果	
❷ 损害 ➡	❷
ⓐ 身体　　ⓑ 孩子　　ⓒ 生命　　ⓓ 健康	
❸ 建立 ➡	❸
ⓐ 国家　　ⓑ 感情　　ⓒ 城市　　ⓓ 公司	
❹ 兑 ➡	❹
ⓐ 水　　ⓑ 油　　ⓒ 换　　ⓓ 现	
❺ 讲究 ➡	❺
ⓐ 吃　　ⓑ 学习　　ⓒ 穿　　ⓓ 卫生	
❻ 敲 ➡	❻
ⓐ 窗户　　ⓑ 门　　ⓒ 脑袋　　ⓓ 鼓	
❼ 加 ➡	❼
ⓐ 价　　ⓑ 资金　　ⓒ 满　　ⓓ 糖	
❽ 倒 ➡	❽
ⓐ 酒　　ⓑ 车　　ⓒ 带　　ⓓ 写	
❾ 吃 ➡	❾
ⓐ 奶　　ⓑ 老本儿　　ⓒ 饮料　　ⓓ 亏	

54

2 ( )에서 골라 문장을 완성하시오.

❶ 有什么困难, 你(不管/尽管)说好啦, 千万不要客气。

❷ 要付款的时候, 我才(发现/知道)钱包丢了。

❸ 我(以为/觉得)韩国人特别有礼貌。

❹ (无论/不论)他怎么说, 我还是有点儿半信半疑(반신반의)。

❺ 吸烟不仅(损害/有害)自己的健康, 而且还(损害/有害)他人的健康。

❻ 你(到底/究竟)去不去呀?

❼ 他不会来的, (除非/除了)你亲自去请他。

3 "难道", "一个是……另一个是……", "比如说", "也许"의 뜻을 고려하여 아래의 문장을 완성하시오.

❶ 难道你就不想＿＿＿＿＿＿＿＿＿吗?

❷ 这个电影这么有名, 难道你＿＿＿＿＿＿＿＿＿吗?

❸ 我们班一共有两位老师, 一个是＿＿＿＿＿, 另一个是＿＿＿＿＿。

❹ 住进宿舍以后, 我学会了两样东西。一个是＿＿＿＿＿, 另一个是＿＿＿＿＿。

❺ 我很喜欢运动, 比如说＿＿＿＿＿＿＿＿＿。

❻ 你仔细找找, 也许＿＿＿＿＿＿＿＿＿。

❼ 吃点儿药, 也许＿＿＿＿＿＿＿＿＿。

丽丽 ：李老师，我最近好烦啊！

李老师：怎么了？因为什么？

丽丽 ：我刚到新公司，跟老板和同事的关系都处不好。您能不能给我
　　　　分析一下是什么原因？

李老师：那么你在原来的公司和同事相处得怎么样？

丽丽 ：以前和同事的关系都处得挺好的，可不知道为什么来到新公司
　　　　以后就一切都不适应了。

李老师：那请你说说，你为什么不喜欢和新公司里的人亲近或者成为朋
　　　　友呢？

丽丽 ：因为我觉得我不喜欢他们，他们也不会喜欢我。

李老师：你为什么会不喜欢他们呢？是他们得罪了你，还是你得罪了他们？

丽丽　：都不是，我也说不清楚，反正我觉得他们都不会喜欢我。

李老师：我来给你分析一下。在公司里，别人有困难的时候，你会不会主动去帮助别人？

丽丽　：不会，因为我刚来，跟他们还不太熟。

李老师：那在工作中，如果你有什么不懂的地方，你会不会向别人请教？

丽丽　：也不会。

李老师：你是不是一个追求完美的人？你是不是不能容忍自己不如别人？

丽丽　：是的，我很怕在别人面前出丑，所以无论是工作还是学习，我都非常努力，非常认真。

李老师：你有时不能容忍别人的失误，是吧？

丽丽　：好像确实有那么一点儿。那怎样才能医治我的这种心理症状呢？

李老师：你不仅要承认自己的不完美，而且还要学会宽容他人。

丽丽　：谢谢李老师！

李老师：还有，一定要有自信！

丽丽　：好的，我一定会按照您说的去做的！

分组讨论下面的问题

1 最近你有什么烦恼吗？如果有，请你说出来，请大家帮你解决。

2 自从参加工作以后，你调过几次工作？请你谈一谈你调工作的原因。

3 当别人失误的时候，你会埋怨他还是安慰他？

4 当你有困难的时候，你是找人帮忙还是自己解决？

5 你是一个自信的人吗？

我应该怎么办?

我才三十岁,可是不知道是什么原因,我的头发都掉没了,没办法只好戴假发。最近我交了一个女朋友,她并不知道我秃顶,我很喜欢她,我不知道应不应该把秃顶的事儿告诉她。

请谈谈你的看法

应不应该帮朋友说谎?

我有个朋友,他爱人时常打电话给我,问我前一天晚上是否跟她爱人在一起,我就说是在一起。其实我根本不知道前一天晚上我的朋友到底在干什么,但是我朋友早就跟我交代过了,让我替他说谎。这样的事情已经持续了将近两年,您说我该怎么办?

请谈谈你的看法

只想谈恋爱,不想结婚的男朋友

最近我认识了一个男朋友,他这个人有点儿让人摸不着头脑,他只是在他需要我的时候跟我见面,平时很少给我打电话。可是,每次见面的时候又对我非常好,花钱也非常大方,他说他是一个独身主义者,他希望我们永远保持情人关系。

请谈谈你的看法

生词

회화

- 处不好 chǔ bu hǎo · 다른 사람과 함께 잘 지낼 수 없다
- 分析 fēnxī · 동 분석하다
- 相处 xiāngchǔ · 동 함께 지내다
- 一切 yíqiè · 명 모든 것
- 亲近 qīnjìn · 동 친해지다
- 得罪 dézuì · 동 남의 기분을 상하게 하다
- 反正 fǎnzheng · 부 어차피. 아무튼
- 困难 kùnnan · 명 곤란. 어려움. 애로
- 主动 zhǔdòng · 형 자발적이다. 적극적이다
- 熟 shú · 형 잘 알다. 익숙하다
- 追求 zhuīqiú · 동 추구하다
- 完美 wánměi · 형 완벽하다
- 容忍 róngrěn · 동 허용하다. 용인하다
- 不如 bùrú · 동 …만 못하다
- 出丑 chūchǒu · 동 망신하다. 체면을 잃다
- 确实 quèshí · 부 확실히. 정말로
- 医治 yīzhì · 동 치료하다
- 症状 zhèngzhuàng · 명 (병의) 증상. 증세
- 承认 chéngrèn · 동 시인하다
- 宽容 kuānróng · 동 너그럽게 받아들이다. 용서하다
- 按照 ànzhào · 전 …에 따라. …대로
- 烦恼 fánnǎo · 명 번뇌. 걱정

기타

- 掉 diào · 동 떨어지다
- 只好 zhǐhǎo · 부 할 수 없이
- 戴假发 dài jiǎfà · 가발을 쓰다
- 是否 shìfǒu · ……인지 아닌지
- 根本 gēnběn · 부 종래. 워낙
- 交代 jiāodài · 동 분부하다. 당부하다
- 替 tì · 동 대신하다
- 说谎 shuōhuǎng · 동 거짓말을 하다
- 持续 chíxù · 동 지속하다. 계속 유지하다
- 将近 jiāngjìn · 동 거의 …에 접근하다
- 摸不着头脑 mō bu zháo tóunǎo · 내막을 도저히 알 수 없다. 영문을 모르다
- 独身主义 dúshēn zhǔyì · 독신주의
- 保持 bǎochí · 동 지키다. 유지하다

语法解释

1 反正我觉得他们都不会喜欢我。

"反正"은 "어차피. 아무튼"이라는 뜻을 나타낸다.

> 反正考不上大学，不如学点技术。
> 反正晚了，干脆再睡一会儿吧。

2 "像"와 "好像"의 비교

	뜻	설 명	예 문
像	닮다. 비슷하다	동사 '像'은 '사람·물건 모양·스타일 등이 닮다, 비슷하다' 라는 뜻을 나타낸다. '像'의 부정은 '不像'이다. 像 + 名词	肯定：他长得像他妈妈。 否定：他长得不像他妈妈。 肯定：你像姐姐，她像妹妹。 否定：你不像姐姐。
	…와 같다	'像'은 비유를 할 때 많이 쓰인다.	现在很难找到像他这样的好人。 像这样的东西，我们那里多的是。
好像	…인 것 같다. 아마… 일 것이다	동사 '好像'은 '어떤 상황에 대한 추측을 나타낸다'. '好像'이 들어간 문장의 부정은 '不好像'이 아니라, '好像' 뒤에 오는 동사를 부정해야 한다. 好像 + 动词	肯定：他好像知道这件事儿。 否定：他好像不知道这件事儿。 肯定：他好像喝醉了。 否定：他好像没喝醉。 肯定：好像确实有那么一点儿。
참고		'그는 요즘 많이 바쁜 것 같다' 는 추측을 나타내기 때문에 '他最近像很忙' 이라고 하면 틀린 문장이고, '他最近好像很忙' 이라고 해야 한다.	× 老师不像在教室里。→ 老师好像不在教师里。 × 他像还没结婚。→ 他好像还没结婚。 × 你看上去好像老师。→ 你看上去像老师。

汉语	韩语	汉语	韩语
蹦极 bèngjí	번지 점프	外卖 wàimài	(식당의) 배달서비스
攀岩 pānyán	암벽등반	快递 kuàidì	택배
家政 jiāzhèng	가사일을 도와 주는 서비스	搬家公司 bānjiā gōngsī	이삿짐 센터
牙线 yáxiàn	치실	志愿者 zhìyuànzhě	자원봉사자
滚筒洗衣机 gǔntǒng xǐyījī	드럼 세탁기	网虫 wǎngchóng	PC방에 박혀 있는 사람
贴吧 tiēbā	인터넷 토론방	回贴/跟贴 huítiē / gēntiē	댓글
数码相机 shùmǎ xiàngjī	디지털 카메라	肉毒素 ròudúsù	보톡스
空气净化器 kōngqìjìnghuàqì	공기청정기	水床 shuǐchuáng	물침대
饮水机 yǐnshuǐjī	정수기	博客 bókè	블로그
自动取款机 zìdòng qǔkuǎnjī	ATM기계	磁悬浮列车 cíxuánfú lièchē	자기부상 열차
24小时自助银行 èrshísì xiǎoshí zìzhù yínháng	24시 오토뱅킹	网上银行 wǎngshàng yínháng	인터넷 뱅킹
卡普吉诺 kǎpǔjínuò	카프치노 커피	自拍 zìpāi	셀카, 셀카를 찍다
电话转账 diànhuà zhuǎnzhàng	전화이체 하다	自动转账 zìdòng zhuǎnzhàng	자동이체 하다
足底按摩 zúdǐ ànmó	발마사지	模范丈夫 mófàn zhàngfu	모범 남편, 공처가
基金 jījīn	펀드	护工 hùgōng	간병인

1 보기 단어 뒤에 올 수 있는 단어를 A, B, C, D 중에서 모두 골라 보세요.

意思

❶ 请 ➡

   ⓐ 教   ⓑ 客   ⓒ 电脑   ⓓ 帮助

❶

❷ 分析 ➡

   ⓐ 解释   ⓑ 问题   ⓒ 错误   ⓓ 原因

❷

❸ 关系 ➡

   ⓐ 户   ⓑ 者   ⓒ 很好   ⓓ 单位

❸

❹ 适应 ➡

   ⓐ 环境   ⓑ 工作   ⓒ 公司   ⓓ 生活

❹

❺ 成为 ➡

   ⓐ 爸爸   ⓑ 朋友   ⓒ 黑的   ⓓ 局长

❺

❻ 追求 ➡

   ⓐ 完美   ⓑ 女孩子   ⓒ 钱   ⓓ 能力

❻

❼ 了解 ➡

   ⓐ 情况   ⓑ 字

   ⓒ 路   ⓓ 中国历史

❼

❽ 承认 ➡

   ⓐ 许可   ⓑ 错误   ⓒ 能力   ⓓ 他

❽

❾ 感到 ➡

   ⓐ 自信   ⓑ 骄傲   ⓒ 荣幸   ⓓ 自豪

❾

2 ( )에서 골라 문장을 완성하시오.

❶ 也不知道是什么原因，我跟女上司就是 (相互/处) 不好。

❷ 我觉得我的英语 (不如/不比) 他。

❸ 我 (本来/原来) 在一个贸易公司工作过，所以对进出口业务比较熟悉。

❹ 对这里的 (全部/一切)，我还不太熟悉。

❺ 在公司里，我不喜欢跟上司 (亲近/亲切)。

❻ 明天 (像/好像) 不会下雨。

❼ 你对我的 (帮忙/帮助) 实在是太大了，我应该好好感谢你。

3 "反正"，"确实"，"不仅……而且……"，"原因"의 뜻을 고려하여 아래의 문장을 완성하시오.

❶ 你别做饭了，反正＿＿＿＿＿＿＿＿＿＿＿＿。

❷ 反正＿＿＿＿＿＿＿＿＿＿＿，我们还是进去看看吧。

❸ 我敢肯定，这封信确实是＿＿＿＿＿＿＿＿＿＿＿＿。

❹ 他不仅脑子聪明，而且＿＿＿＿＿＿＿＿＿＿＿。

❺ 他不仅会说英语，而且＿＿＿＿＿＿＿＿＿＿＿。

❻ 成绩下降可能会有很多方面的原因，但＿＿＿＿＿＿＿＿＿＿＿。

练习

짝꿍에게 아래의 질문을 해보세요.

1 你现在是学生还是公司职员? 今年你有什么打算? 今后十年你有什么打算?

2 你性子急吗? 你觉得性格好的人成功的可能性大, 还是性格不好的人成功的可能性大? 请举例说明。

3 你觉得你适合做什么样的工作? 不适合做什么样的工作?

4 请介绍一下你解除(jiěchú, 해소하다)压力的方法。

5 有好事儿的时候, 你最先告诉谁?

6 伤心和郁闷(yùmèn, 마음이 답답하고 괴롭다)的时候, 你是喜欢说出来还是喜欢憋(biē, 참다)在肚子里?

짝꿍의 대답을 메모하고 다시 확인해 보세요.

1

2

3

4

5

6

* 아래의 그림에 대하여 묘사해 보세요.

第7课 生命在于运动

邵钟瑞：你最近都在忙什么呢？怎么每次打电话都打不通啊？

黄大卫：哦，前天我在打篮球，昨天一整天我都在滑雪场，那里信号比较弱，所以没接到你的电话。

邵钟瑞：喂，你要当运动员啊？干吗那么拼命？

黄大卫：那你天天闷在家里是坐月子还是怎么的？

邵钟瑞：我不喜欢动，我喜欢一个人安安静静地呆着。

黄大卫：那也不能整天在家里呆着啊。

邵钟瑞：在家里有很多事情要做，哪有时间去外边运动啊？

黄大卫：你以为我就很闲啊？

邵钟瑞：你那么拼命到底图个啥啊？

黄大卫：生命在于运动嘛，就像几年不拧的螺丝总会生锈一样，总不运动身体也会"生锈"的。

邵钟瑞：谁说的？虽然我不运动，但身体不是挺好的嘛。

黄大卫：你现在没事，等老了就会病魔缠身的。

邵钟瑞：你说得也太严重了吧？

黄大卫：你看长寿的那些老人，一般都居住在农村。他们每天呼吸着新鲜的空气，吃着新鲜的蔬菜，更重要的是他们从来都是以步代车，所以不仅身体健康，而且又非常长寿。

邵钟瑞：我也不需要活到那么老，每天都去运动，多累啊！

黄大卫：为了你的健康，我劝你还是应该多运动运动。

邵钟瑞：我哪有时间运动啊？我每天起早贪黑的工作不说，回到家里还得帮我爱人照看孩子。

黄大卫：时间就像海绵里的水，如果你用力挤的话，总是会有的。

分组讨论下面的问题

1 今年你得过几次感冒?感冒的时候一般几天以后能完全好?

2 你喜欢运动吗?你擅长什么运动?

3 平时你一般怎么锻炼身体?

4 你最喜欢的体育明星是谁?

5 在"金钱、权力和健康"之中，让你选择一项的话，你会选择哪一个?并说明理由。

6 现在休闲式运动越来越多，比如，滑雪、潜水和高尔夫等等，你认为这些运动是否有益于健康?

7 你每个月喝酒花多少钱？你每个月买衣服花多少钱？你每个月运动花多少钱？

1　常吃夜宵，会得胃癌。

2　鸡屁股含有致癌物，不吃比较好。

3　饭后吃水果是错误的观念，应该饭前吃水果。

4　早上起床以后先喝一杯水，白天再喝八大杯水，但晚上要少喝水。

5　睡前三小时不要吃东西，会胖。

6　一天不要喝两杯以上的咖啡。

7　对身体有益的食物：深海鱼、香蕉、葡萄、菠菜、大蒜、南瓜、鸡肉。

8　一天要睡八小时，最佳睡眠时间是在晚上10点到早晨6点。

9　掉发原因：熬夜、压力、烟酒、油腻食物、过多的调料。
　　帮助头发生长的食品：包心菜、蛋、豆类。

10　女性不宜喝茶的四个时期：经期、更年期、产前和产后。

11　每天摄取新鲜的蔬菜与水果。

12　每天摄取均衡的饮食，不要过量。

13　保持理想体重，不要过胖。

14　保持规律的生活与运动。

15　保持轻松愉快的心情。

16　正确的饮食习惯：早上吃得像皇帝，中午吃得像平民，晚上吃得像乞丐。

生词

- 打不通 dǎ bu tōng • 전화 통화가 안 되다
- 拼命 pīnmìng • 图 필사적으로 하다
- 闷 mēn • 图 민폐하다 图 갑갑하다
- 坐月子 zuò yuèzi • 산후조리를 하다
- 图 tú • 图 계획하다. 도모하다
- 在于 zàiyú • 图 …에 달려 있다
- 生锈 shēngxiù • 녹이 슬다
- 病魔缠身 bìngmó chánshēn • 병마에 시달리다
- 长寿 chángshòu • 图 장수(하다)
- 居住 jūzhù • 图 거주하다. 살다
- 以步代车 yǐ bù dài chē • 걷는 걸로 차를 대신하다
- 活 huó • 图 살다. 생존하다
- 起早贪黑 qǐ zǎo tān hēi • 图 아침 일찍 일어나고 밤늦게 자다
- 不说 bùshuō • 图 …뿐만 아니라
- 照看 zhàokàn • 图 돌보다
- 海绵 hǎimián • 图 스펀지
- 挤 jǐ • 图 짜다
- 擅长 shàncháng • 图 뛰어나다. 숙달하다
- 金钱 jīnqián • 图 금전
- 权力 quánlì • 图 권력
- 潜水 qiánshuǐ • 图 잠수하다
- 有益于 yǒuyìyú • 유익하다. 도움이 되다

- 夜宵 yèxiāo • 图 밤참
- 胃癌 wèi'ái • 图 위암
- 屁股 pìgu • 图 궁둥이. 엉덩이
- 含有 hányǒu • 图 함유하다
- 致癌物 zhì'áiwù • 图 발암 물질
- 观念 guānniàn • 图 관념
- 菠菜 bōcài • 图 시금치
- 大蒜 dàsuàn • 图 마늘
- 南瓜 nánguā • 图 호박
- 最佳 zuìjiā • 图 최적이다
- 掉发 diàofà • 머리카락이 빠지다
- 熬夜 áoyè • 图 밤샘하다. 철야하다
- 生长 shēngzhǎng • 图 성장하다
- 包心菜 bāoxīncài • 图 양배추
- 豆类 dòulèi • 콩 종류 식품
- 经期 jīngqī • 图 월경기
- 更年期 gēngniánqī • 图 갱년기
- 产前 chǎnqián • 출산 전
- 产后 chǎnhòu • 출산 후
- 摄取 shèqǔ • 图 섭취하다
- 均衡 jūnhéng • 图 균형
- 皇帝 huángdì • 图 황제
- 平民 píngmín • 图 평민
- 乞丐 qǐgài • 图 거지

69

语法解释

✱ 상용 복문

두 개 또는 두 개 이상의 단문으로 구성되고, 의미 상에 서로 관련이 있는 문장을 복문이라고 한다. 절 간의 의미관계에 의한다면 (1)병렬관계 (2)승접관계 (3)접층관계 (4)선택관계 (5)인과관계 (6)전환관계 (7)가정관계 (8)조건관계 (9)목적관계 (10)양보관계 (11)취사관계 등으로 나눌 수 있다.

	접 속 사	설 명	예 문
병렬	(1) 一边+동사+一边+동사	두 개의 동작이 동시 진행됨을 나타냄.	一边看电视一边吃饭。边走边说。
	(2) 又+형용사+又+형용사 又+동사+又+동사	두 가지 상태가 동시에 존재함을 나타냄.	又方便又舒服。又想去又不想去。
	(3) 既… 又…	두 개의 성질 또는 상태가 병존하는 것을 나타낸다.	他想出了既简便(간편하다)又安全的方法。
승접	(1) 先…然后…	우선…을 하고 그 다음…을 하다	我们先去银行办事儿，然后去书店买书吧。
	(2) 一…就…	…하자 곧…하다	他一解释我就懂了。
점층	(1) 不仅…而且…	…뿐만 아니라 게다가…	他不仅会开车，而且还会修车。
	(2) 甚至…	심지어…	甚至60多岁的老年人也参加了这次登山活动。
선택	(1) 或者…或者…	서술문에 쓰임(뜻: 혹은)	或者你去，或者他去，谁去都可以。
	(2) 是…还是…	의문문에 쓰임 (뜻: 아니면)	你是韩国人还是中国人？
	(3) 不是…就是…	…을 하지 않으면 …을 한다. 제시한 두 가지 일 중 반드시 어느 한 가지는 해당됨을 나타낸다.	每个周末他不是去登山就是去钓鱼。不是他来看你，就是你去看他。
	(4) 不是…而是…	…이 아니라 …이다	我不是去中国留学，而是去美国留学。

70

	접 속 사	설 명	예 문
인과	(1) 因为…所以…	…때문에	最近因为工作太忙, 所以没时间运动。
	(2) 之所以…是因为…	…한 까닭	他之所以能这样, 是因为他没有忘记老朋友的委托。
전환	(1) 虽然…但是…	비록 …일지라도 하지만	虽然他工作很忙, 但是他每天都坚持锻炼身体。
	(2) …, 要不然…	그렇지 않으면	我没时间去, 要不然你自己去吧。
가정	如果(要是)…就…	만일. 만약	如果明天下雨, 那我们就不能去登山了。
조건	(1) 只要…就…	…하기만 하면 …하다	只要你不告诉他, 他就不会知道。
	(2) 除非…要不然…	…않으면 …하지 않는다	除非你亲自去请他, 要不然他不会来的。
목적	…, 为的是…	…를 위해서다	我每天努力工作, 为的是我们全家的幸福生活。
양보	(1) 哪怕…也…	설령. 가령	哪怕天气不好也要去。
	(2) 即使…也…	설령 …하더라도	即使再晚一个小时出发, 也来得及。
취사	(1) 与其…不如…	…하느니 차라리 …하다	与其这样等着, 不如找点儿事情做做。 与其你去, 还不如我去。 天气这么好, 与其呆在家里, 不如出去走走。
	(2) 宁可…也不…	차라리 …하는 것이 낫다	我宁可走路, 也不愿意坐这辆破车。 宁可我多干点, 也不能累着(피로하다)你。 作为母亲, 宁可自己吃苦受累, 也不愿意委屈(힘들게 하다)孩子。

汉语	韩语	汉语	韩语
越位 yuèwèi	업사이드	打击手 dǎjīshǒu	타자
守门员 shǒuményuán	골키퍼	捕手 bǔshǒu	포수
点球 diǎnqiú	페널티 킥	本垒 běnlěi	홈런
上半场 shàngbànchǎng	전반전	加一 jiāyī	보기
下半场 xiàbànchǎng	후반전	老鹰 lǎoyīng	이글
加时赛 jiāshísài	연장전	小鸟 xiǎoniǎo	버디
黄牌警告 huángpái jǐnggào	옐로카드	三杆洞 sāngāndòng	파쓰리
红牌警告 hóngpái jǐnggào	레드카드	球童 qiútóng	캐디
前锋 qiánfēng	공격수	推杆 tuīgān	퍼터
中锋 zhōngfēng	미드 필드	一号木 yíhàomù	드라이브
后卫 hòuwèi	수비수	木杆 mùgān	우드
教练 jiàoliàn	코치	铁杆 tiěgān	아이언
射门 shèmén	슛	球道 qiúdào	훼어웨이
救援成功 jiùyuán chénggōng	세이브	果岭 guǒlǐng	그린
三振 sānzhèn	삼진	发球 fāqiú	티업하다
安打 āndǎ	안타	拼组 pīnzǔ	조인하다(join)
一垒手 yīlěishǒu	일루수	一杆进洞 yìgān jìndòng	홀인원

1 보기 단어 뒤에 올 수 있는 단어를 A, B, C, D 중에서 모두 골라 보세요.

	意思
❶ 坐 ➡ ⓐ 江山　ⓑ 月子　ⓒ 牢　ⓓ 看	❶
❷ 空 ➡ ⓐ 房间　ⓑ 腹　ⓒ 手　ⓓ 家	❷
❸ 挤 ➡ ⓐ 车　ⓑ 人　ⓒ 牙膏　ⓓ 脚	❸
❹ 生 ➡ ⓐ 效　ⓑ 闷气　ⓒ 病　ⓓ 锈	❹
❺ 劝 ➡ ⓐ 架　ⓑ 酒　ⓒ 学　ⓓ 忠告	❺

2 반대말 단어를 골라 선을 이어보세요.

❶ 弱	·	· 饭后	❼ 有益	·	· 年轻人
❷ 长寿	·	· 晚婚	❽ 活	·	· 闲
❸ 早婚	·	· 减少	❾ 老人	·	· 有害
❹ 饭前	·	· 强	❿ 忙	·	· 死
❺ 安静	·	· 短命	⓫ 没事	·	· 短跑
❻ 增加	·	· 吵	⓬ 长跑	·	· 有事

3 ( )에서 골라 문장을 완성하시오.

❶ 我(以为/觉得)他还没结婚呢, 原来他已经是两个孩子的爸爸了。

❷ 我劝过他很多次, 可他(总是/常常)不听。

❸ 他(不仅/仅仅)脑子聪明, 而且又非常用功, 成绩不好才怪呢。

❹ 春节前夕, 为了提供(又/更)好的服务, 全体职工正在辛勤地工作着。

❺ 这次去中国出差, (都/一共)去了哪些地方?

❻ 两年前我奶奶得了老年痴呆症(치매), 所以每时每刻都需要有人(看/照顾)。

❼ 我的事情我会(计划/安排)好的, 不用你操心。

4 "为了", "我劝你……", "哪有……啊?"의 뜻을 고려하여 아래의 문장을 완성하시오.

❶ 为了学习英语, _____。

❷ 为了健康, _____。

❸ 我劝你还是不要_____。

❹ 我劝你_____。

❺ 哪有像你_____啊?

❻ 白天要上班, 晚上还要学习外语, 哪有时间_____啊?

练习

* 아래의 그림에 대하여 묘사해 보세요.

- 直升飞机 zhíshēngfēijī 헬리콥터
- 救命 jiùmìng 살려주세요!
- 攀岩 pānyán 암벽 등반
- 生火取暖 shēnghuǒ qǔnuǎn 불을 지펴서 따뜻하게 하다

第8课 面试

面试官1：您好，欢迎你来我们公司应聘！请坐。

尹仟河：谢谢！

面试官1：请问，您有过相关方面的工作经历吗？

尹仟河：有，我以前在一家中韩合资企业工作过8年。

面试官1：那您为什么还要跳槽呢？

尹仟河：我也舍不得离开原来的公司，但是因为孩子上学的问题，我搬家了，所以只好离开原来的公司，重新开始。但我相信我一定可以做得同样好，甚至更好！

面试官1：很好。

面试官2：您也知道，来我们公司面试的人非常多，请问，我为什么要选您做销售部经理呢？

尹仟河：我想，首先，我的经验非常丰富。其次，我的组织能力和领导能力也很强。

面试官2：作为销售部的经理，只有这些是不够的。

尹仟河：我的人际关系网非常广，跟上下级的关系也很融洽，另外，我非常热爱这份工作。

面试官2：很好，那请问您的缺点是什么呢？

尹仟河：我对自己的要求向来很高，所以我希望别人也给自己设立高标准。

面试官3：你善于在有压力的情况下工作吗？

尹仟河：是的。我认为压力是前进的最好动力，它可以摒弃懒惰和散漫。

面试官3：如果你的工作小组发生了内部冲突，你将如何化解？

尹仟河：我先私下和他们交流，了解事情的原委，并让他们分别进行换位思考，然后再进行和解。

面试官1：谢谢您精彩的回答，请您等待我们的面试结果吧。

尹仟河：谢谢！

分组讨论下面的问题

1　你参加过面试吗？请说说你面试时候的感觉。

2　在面试的时候，你有没有失败的经历？如果有，请你谈一下那时的情景。

3　在面试的时候，你都遇到过什么样的刁钻问题？

4　你认为面试的时候，面试官最想知道的是什么？

5　面试的时候，如果你遇到不懂的问题，你会怎么办？

1 为什么下水道的盖子是圆的？

2 把汽车钥匙插入车门，向哪个方向旋转才能打开？

3 如果要你去掉中国34个省中的任意一个，你会去掉哪一个，为什么？

4 多少个加油站才能满足中国的所有汽车？

5 你怎样将Excel的用法解释给你的奶奶听？

6 你怎样重新改进和设计一个新的ATM银行取款机？

7 汽车在右转弯时，哪只轮胎不转？

8 从首尔到釜山怎么走最近？

9 什么东西越是打破了越是受欢迎？

10 韩币为什么只有1000，5000，10，000面额的纸币？

生词

- 应聘 yìngpìn • 동 초빙에 응하다
- 相关 xiāngguān • 동 상관되다. 관련되다
- 经历 jīnglì • 명 동 경험(하다)
- 跳槽 tiàocáo • 동 직업을 바꾸다. 회사를 옮기다
- 重新 chóngxīn • 부 다시. 새로이
- 甚至 shènzhì • 부 심지어
- 销售部 xiāoshòubù • 명 영업부
- 其次 qícì • 명 그다음
- 组织 zǔzhī • 명 동 조직(하다)
- 领导 lǐngdǎo • 동 이끌고 나가다
- 网 wǎng • 명 그물 형태의 조직이나 계통
- 广 guǎng • 형 넓다
- 融洽 róngqià • 형 사이가 좋다
- 热爱 rè'ài • 동 열렬히 사랑하다
- 缺点 quēdiǎn • 명 결점. 부족한 점
- 标准 biāozhǔn • 명 기준
- 设立 shèlì • 동 설립하다
- 向来 xiànglái • 부 본래부터. 종래
- 善于 shànyú • …에 능숙하다. …를 잘하다
- 前进 qiánjìn • 명 동 전진(하다)
- 动力 dònglì • 명 원동력
- 摒弃 bìngqì • 동 버리다
- 懒惰 lǎnduò • 형 나태하다. 게으르다
- 散漫 sǎnmàn • 형 제멋대로이다. 산만하다
- 产生 chǎnshēng • 동 생기다

- 冲突 chōngtū • 명 충돌
- 如何 rúhé • 대사 어떻게. 어떤
- 将 jiāng • 접 …을. 부 장차
- 化解 huàjiě • 동 풀다. 화해하다
- 私下 sīxià • 부 몰래. 사적으로
- 交流 jiāoliú • 명 동 교류(하다)
- 原委 yuánwěi • 명 (사건의) 경위
- 分别 fēnbié • 부 각각. 따로따로
- 换位思考 huànwèi sīkǎo • 입장을 바꾸어 생각해보다
- 和解 héjiě • 동 화해하다
- 精彩 jīngcǎi • 형 뛰어나다. 훌륭하다
- 等待 děngdài • 동 기다리다
- 刁钻 diāozuān • 형 괴팍하다

- 盖子 gàizi • 명 물건의 뚜껑. 마개
- 圆 yuán • 형 둥글다
- 插入 chārù • 동 삽입하다
- 旋转 xuánzhuǎn • 동 빙빙 회전하다
- 去掉 qùdiào • 동 없애 버리다
- 改进 gǎijìn • 동 개선하다
- 启用 qǐyòng • 동 쓰기 시작하다
- 转弯 zhuǎnwān • 동 모퉁이를 돌다
- 轮胎 lúntāi • 명 타이어
- 打破 dǎpò • 동 타파하다
- 面额 miàn'é • 명 액면가격

79

语法解释

1 我也舍不得离开原来的公司。

"舍不得"는 "(어떤 사람이나 장소를 떠나기)아쉽다. 미련이 남다. 섭섭하다"라는 뜻도 있고, "어떤 물건을 너무 아까워하여 쓰거나 버리지 못하다, 혹은 아까워하다"라는 뜻도 있다.

> 我舍不得你走。
> 相处久了，舍不得离开。
> 妈妈舍不得吃，舍不得穿。
> 这件衣服我一直舍不得穿。

2 "首先……其次……最后……"의 용법

"首先……其次……最后……"은 "첫째……, 둘째……, 셋째 ……"라는 뜻으로 사항을 열거하는 경우에 사용한다.

> 作为三好学生，首先，品德(품행)要好，其次，成绩要好，最后，还要有好的身体。

3 "向来", "一直", "从来"의 비교

	뜻	설 명	예 문
从来	지금까지. 여태껏. 이제까지	'从来'는 현재, 미래 및 과거에 발생한 일에 모두 사용할 수 있다. 그리고 부정문에 쓰이는 경우가 많고, 긍정문에서는 잘 쓰이지 않는다.	他从来不抽烟。 感冒的时候，我从来不吃药。 我从来没学过汉语 这件事我从来没听说过。 他从来没跟我生过气。
一直	줄곧. 내내	과거의 시점에서 상당 시간 계속되는 것을 나타낼 수 있고, 지속된 시간이 짧고 현재에서 가까울 때도 사용할 수 있다.	这场雨一直下了两天。 我一直住在韩国。 从那以后，我们一直就没见过面。
向来	본래부터. 종래. 여태까지. 줄곧	'向来'는 사람의 습관·태도 등을 설명할 때 사용한다.	他做事向来认真。 我向来不喝酒。

工作DNA

工作的人，可以分为三个阶段：进入社会不久的新人、中层干部和高层主管。

刚进入社会不久的新人，像一只鸟。小鸟的优势，就是还没有被环境、习惯、条件所局限，不断进行各种新奇的尝试。

工作了一段时间，成为公司或组织里的中坚干部之后，你成了一只骆驼。这段时间，你在工作中，你已经积累了足够的经验，因此你们公司、你的上司愿意信任你，一再把沉重的工作负担交付给你。生活中，你大概已经结了婚，或者已经有了孩子，你要尽父母的责任。这时候的骆驼，已经不像小鸟那样自由，即使有变动的机会，你也已经不敢轻易尝试。骆驼的优势，在于平稳，看起来几乎没有任何风险。骆驼的风险，也在于平稳，看起来几乎没有什么机会。骆驼羡慕的，可能是另一种动物——鲸鱼。

有幸从中坚干部成为一个公司或组织的高层领导者，你就成了一条鲸鱼，大海无边无际，给人无限自由和遐想。但重要的是，你要永远前进，不能休息。你没有上岸休息的权利——上岸的鲸鱼，是要死亡的。

三种动物，各有不同的机会和风险，只看你自己怎么看待。

生词

- 阶段 jiēduàn • 명 단계. 계단
- 中层干部 zhōngcéng gànbù • 명 중견 관리자
- 鸟 niǎo • 명 새
- 优势 yōushì • 명 우세
- 局限 júxiàn • 동 국한하다. 한정하다
- 不断 búduàn • 부 끊임없이. 부단히
- 新奇 xīnqí • 형 신기하다. 새롭다
- 尝试 chángshì • 동 시험(해 보다)
- 中坚 zhōngjiān • 명 중견
- 骆驼 luòtuo • 명 낙타
- 积累 jīlěi • 동 쌓이다
- 信任 xìnrèn • 명 동 신임(하다)
- 沉重 chénzhòng • 형 (무게·기분·부담 따위가) 무겁다
- 交付 jiāofù • 동 위임하다. 맡기다
- 负担 fùdān • 명 부담. 책임
- 尽责任 jìn zérèn • 책임을 다하다
- 变动 biàndòng • 명 변동. 변경
- 轻易 qīngyì • 부 쉽사리. 수월하게
- 平稳 píngwěn • 형 평온하다. 안정되어 있다
- 风险 fēngxiǎn • 명 위험
- 鲸鱼 jīngyú • 명 고래
- 有幸 yǒuxìng • 부 다행히도
- 无边无际 wúbiānwújì • 끝없이 넓다. 일망무제
- 无限 wúxiàn • 형 끝없다. 무한하다
- 遐想 xiáxiǎng • 명 높고 먼 이상. 상상
- 上岸 shàng'àn • 동 육지에 오르다. 상륙하다
- 权利 quánlì • 명 권리
- 死亡 sǐwáng • 동 사망하다. 죽다

1 보기 단어 뒤에 올 수 있는 단어를 A, B, C, D 중에서 모두 골라 보세요.

				意思
❶ 应 ➡				**❶**
ⓐ 招待	ⓑ 验	ⓒ 邀	ⓓ 聘	
❷ 跳 ➡				**❷**
ⓐ 槽	ⓑ 班	ⓒ 绳	ⓓ 水	
❸ 尽 ➡				**❸**
ⓐ 全力	ⓑ 责	ⓒ 义务	ⓓ 孝	
❹ 舍不得 ➡				**❹**
ⓐ 用	ⓑ 花钱	ⓒ 离开	ⓓ 想	
❺ 善于 ➡				**❺**
ⓐ 社交	ⓑ 唱歌	ⓒ 应酬	ⓓ 英语	
❻ 发生 ➡				**❻**
ⓐ 事故	ⓑ 冲突	ⓒ 事儿	ⓓ 矛盾	
❼ 进行 ➡				**❼**
ⓐ 会议	ⓑ 事情	ⓒ 展览	ⓓ 调节	
❽ 等待 ➡				**❽**
ⓐ 面试结果		ⓑ 客人		
ⓒ 成功		ⓓ 考上		
❾ 搬 ➡				**❾**
ⓐ 兵	ⓑ 东西	ⓒ 公司	ⓓ 家	

2 ( )에서 골라 문장을 완성하시오.

❶ 我什么事情没(经验/经历)过? 这点儿困难算不了什么。

❷ 他(舍不得/可惜)吃,(舍不得/可惜)穿, 终于攒够了买房子的钱。

❸ 你们为什么要(选/挑)他当班长?

❹ 你要(不停/不断)努力, 取得更好的成绩。

❺ 我想(知道/了解)一下这里的情况。

❻ 我不太(擅长/能)运动, 不过我可以试试。

❼ 请你仔细思考一下,(然后/以后)再回答我提出的问题。

3 "首先……, 其次……", "我希望……", "我认为……", "那(么)"의 뜻을 고려하여 아래의 문장을 완성하시오.

❶ 要想拿到驾照(jiàzhào, 운전면허증), 首先要参加＿＿＿＿＿＿＿, 其次要参加 ＿＿＿＿＿＿＿。

❷ 首先, 你懂经济, 其次＿＿＿＿＿＿＿。

❸ 我希望大家明天＿＿＿＿＿＿＿。

❹ 我不希望＿＿＿＿＿＿＿。

❺ 我认为你不应该＿＿＿＿＿＿＿。

❻ 既然你不同意, 那＿＿＿＿＿＿＿。

❼ 如果时间来不及, 那＿＿＿＿＿＿＿。

第9课 希望能得到贵公司的大力协助

王海亮：申先生，快请坐，再一次见到你，我感到非常高兴！

申阳植：谢谢！我也很高兴能再次见到王主任和诸位同行！

王海亮：昨天晚上休息得怎么样？日程安排得是不是太紧了？

申阳植：哪里哪里，我们对贵公司的安排非常满意。尤其是对昨天的参观访问，印象非常深刻。

王海亮：看样子您这次中国行，收获还真不少，这我就放心了。

申阳植：让我们感到非常吃惊的是，中国的纺织品市场和服装市场，比我预料之中的要好得多。

王海亮：您说得一点儿也没错。事实上，中国已经成为了世界上最大的服装出口国。

申阳植：我们这次来中国，就是为了洽谈纺织品和服装进出口业务，看来我们是来对了，希望能得到贵公司的大力协助。

王海亮：只要我们能办到的，我们一定会尽力协助。我们虽然是第一次打交道，但我相信，我们会成为一个好的合作伙伴。

申阳植：那就让我们互相信任、互相帮助、互相支持吧！

王海亮：这正是我们对外贸易的一贯方针！

申阳植：坦率地说，我们对贵公司还不是特别了解。

王海亮：这不奇怪，目前我们公司规模不是很大，知名度也不太高，不过，我们公司在最近几年发展非常迅速。

申阳植：我们是第一次来中国，还需要对中国市场做进一步的调查。

王海亮：那当然，看得出来，你们做事很严谨、很认真。

申阳植：多谢您的夸奖。

王海亮：我们一向认为，没有信任就不可能有真诚的合作。

申阳植：你说得太对了！与贵公司合作真是一次愉快的经历！

贸易小常识：

1 什么是贸易顺差？
　A 进口贸易总额大于出口贸易总额
　B 出口贸易总额大于进口贸易总额

2 什么是财政赤字？
　A 国家财政收入大于财政支出
　B 国家财政支出大于财政收入

商务汉语应用文(1)

1.介绍公司

- 我来简单介绍一下我们公司的概况。

- 在介绍本公司的业务之前，首先让我来简单介绍一下本公司的基本概况。

- 我们公司成立于1954年，已经有50多年的历史了。总部在首尔，在釜山、大田和安山等地有十个分公司和三个工厂，另外在中国天津还有一个工厂，公司上下大概有2000多名职员。

- 我们公司主要生产电子产品，包括手机、半导体和家电等。产品在世界30多个国家都有销售，特别是在东南亚的市场占有率高达40%左右。

- 我们公司在过去十年，年平均销售额为8千万美元。

- 为了进一步扩大海外市场，我们需要可靠的代理商，希望在座的各位能与我们携手共进！

2.介绍部门及其职员

- 非常感谢各位访问本公司，也非常感谢各位来到本部门进行参观访问。

- 这里是人事部，大概有21名职员，主要负责人事工作。

- 下面我来介绍一下我们部门的成员，坐在最里面的是朴部长，是我们这里资格最老，经验最丰富的领导。

生词

□ 诸位 zhūwèi • 몡 여러분

□ 日程 rìchéng • 몡 일정

□ 贵公司 guì gōngsī • 귀사

□ 深刻 shēnkè • 혱 깊다

□ 收获 shōuhuò • 몡 수확

□ 让 ràng • 염원이나 희망을 나타냄

□ 吃惊 chījīng • 통 놀라다

□ 纺织品 fǎngzhīpǐn • 몡 방직품

□ 服装 fúzhuāng • 몡 복장

□ 出口国 chūkǒuguó • 수출국

□ 预料 yùliào • 몡 통 예측(하다)

□ 洽谈 qiàtán • 몡 통 협의(하다)

□ 协助 xiézhù • 통 협조하다

□ 尽力 jìnlì • 통 힘을 다하다

□ 打交道 dǎjiāodao • 통 왕래하다. 접촉하다

□ 伙伴 huǒbàn • 몡 동반자

□ 互相 hùxiāng • 뷔 서로. 상호

□ 一贯 yíguàn • 통 한결같다. 일관하다

□ 方针 fāngzhēn • 몡 방침

□ 坦率 tǎnshuài • 혱 솔직하다

□ 目前 mùqián • 몡 현재

□ 规模 guīmó • 몡 규모

□ 知名度 zhīmíngdù • 지명도

□ 迅速 xùnsù • 혱 신속하다. 급속하다

□ 进一步 jìnyíbù • 한 걸음 나아가다

□ 严谨 yánjǐn • 혱 엄밀하다. 신중하다

□ 真诚 zhēnchéng • 혱 진실하다. 성실하다

□ 顺差 shùnchā • 몡 흑자

□ 总额 zǒng'é • 몡 총액

□ 大于 dàyú • …보다 크다

□ 赤字 chìzì • 몡 적자

□ 概况 gàikuàng • 몡 개황

□ 成立 chénglì • 통 성립하다

□ 历史 lìshǐ • 몡 역사

□ 总部 zǒngbù • 몡 본사

□ 电子 diànzǐ • 몡 전자

□ 半导体 bàndǎotǐ • 몡 반도체

□ 家电 jiādiàn • 몡 가전 제품

□ 占有率 zhànyǒulù • 몡 점유율

□ 高达 gāodá • 많게는…까지 달성하다

□ 年平均 niánpíngjūn • 연평균

□ 销售额 xiāoshòu'é • 판매 총액

□ 代理商 dàilǐshāng • 몡 대행사

□ 在座 zàizuò • 통 그 자리에 있다. 재석하다

□ 携手共进 xié shǒu gòng jìn • 손을 잡고 함께 앞으로 나아가다

□ 资格 zīgé • 몡 자격

语法解释

1 "让"의 여러 가지 용법

❶ '권하다', '안내하다'

中国人喜欢让烟。 / 把客人让进了屋。

❷ '……하게 하다', '……하도록 시키다'

老师让我们写报告。 / 我爱人不让我抽烟。

❸ 염원이나 희망을 나타낼 때 많이 쓰이며, 문어에 많이 쓰인다.

让我们互相信任, 互相帮助, 互相支持吧!

❹ '비키다', '지리를 내주다'

车来了, 大家让一让。

2 看来我是来对了。

"我是来对了"는 "잘 왔다"라는 뜻을 나타낸다. 즉 온 것이 탁월한 선택이다라는 뜻이다.

3 "理解", "了解", "认识", "知道"의 비교

	뜻	설 명	예 문
理解	이해(하다)	노력을 통해 이해하기 어려운 일이나 사람에 대해 이해하게 되었음을 나타냄.	你的意思我完全理解了。 只有你理解我。 理解万岁(만세)。
了解	(자세하게 잘) 알다.	어떤 일이나 사람에 대해 자세하게 잘 알고 있다는 뜻.	你去了解一下情况。 我们对贵公司还不是特别了解。
认识	알다	길·글을 알거나 사람에 대해 면목이 있다는 뜻을 나타냄.	我认识路。 / 我认识她。 我认识这个字。
知道	알다	어떤 일에 대해 알고 있다는 뜻을 나타냄.	我知道老师家在哪儿。 我知道你想说什么。

营销策略和技巧

1

太贵了。

顾客

对策

一分钱一分货。

这个产品比××牌子便宜多啦，质量还比××牌子的要好。

2

市场不景气。

顾客

对策

不景气时买入，景气时卖出。

当别人都卖出时，成功者买进，当别人买进时，成功者却会卖出，决策需要勇气和智慧。

3

不，我不要……

顾客

对策

我的字典里没有"不"字。

坚持就是胜利，顾客总是下意识地提防与拒绝别人，所以销售员要坚持不懈、持续地向顾客进行推销。

生词

- 营销策略 yíngxiāo cèlüè・판매 전략
- 技巧 jìqiǎo・圏 기교
- 对策 duìcè・圏 대책
- 一分钱一分货 yìfēnqián yìfēnhuò・1전에 대하여는 1전짜리 물품. 값에 상당한 물품
- 不景气 bùjǐngqì・圏 불경기
- 买入 mǎirù・屠 매입하다
- 卖出 màichū・屠 팔아 버리다
- 决策 juécè・屠 정책을 결정하다

- 智慧 zhìhuì・圏 지혜
- 字典 zìdiǎn・圏 자전
- 下意识 xiàyìshi・잠재의식. 버릇처럼
- 提防 dīfang・屠 방비하다
- 拒绝 jùjué・屠 거절하다
- 坚持不懈 jiānchí búxiè・圈 해이되지 않고 견지하다
- 持续 chíxù・屠 지속하다
- 推销 tuīxiāo・屠 판로를 확장하다

1 보기 단어 뒤에 올 수 있는 단어를 A, B, C, D 중에서 모두 골라 보세요.

	意思
❶ 印象 ➡	❶
ⓐ 好　　ⓑ 深　　ⓒ 硬　　ⓓ 深刻	
❷ 感到 ➡	❷
ⓐ 很高兴　　ⓑ 非常满意	
ⓒ 很吃惊　　ⓓ 非常幸福	
❸ 洽谈 ➡	❸
ⓐ 业务　　ⓑ 生意　　ⓒ 价格　　ⓓ 工作	
❹ 打 ➡	❹
ⓐ 交道　　ⓑ 抱不平　　ⓒ 雷　　ⓓ 雨伞	
❺ 安排 ➡	❺
ⓐ 工作　　ⓑ 住处　　ⓒ 产品　　ⓓ 座位	

2 반대말 단어를 골라 선을 이어보세요.

❶ 紧　　　　　• 单调

❷ 冷静　　•　　• 担心

❸ 丰富　　•　　• 松

❹ 放心　　•　　• 冲动

❺ 出口　　•　　• 我们公司

❻ 贵公司 •　　• 进口

❼ 迅速　　•　　• 逆差

❽ 顺差　　•　　• 缓慢

❾ 赤字　　•　　• 财政收入

❿ 软着陆 •　　• 一无所有

⓫ 财政支出 •　• 黑字

⓬ 应有尽有 •　• 硬着陆

3 ( )에서 골라 문장을 완성하시오.

❶ 我对我的工作感到非常(满意/满足)。

❷ 我喜欢画画儿,(尤其/特别是)喜欢画风景画。

❸ (看样子/看上去)你对这次旅行非常满意,收获也很多。

❹ (让/使)我感到非常吃惊的是,我父母竟然同意了。

❺ 我们希望能得到贵公司的大力(协助/帮助)。

❻ 虽然我们是第一次(打交道/认识),但我相信我们会成为好的合作伙伴。

❼ 他(一向/常常)是一个很用功的学生,肯定能考上好大学,你不必太担心。

4 "尤其是……", "可以说是……", "事实上", "坦率地说"의 뜻을 고려하여 아래의 문장을 완성하시오.

❶ 我很喜欢吃韩国菜,尤其是＿＿＿＿＿＿＿＿＿＿。

❷ 我在中国住了八年,可以说是＿＿＿＿＿＿＿＿＿＿。

❸ 上大学的时候,我的专业是计算机,参加工作之后一直从事这方面的工作,可以说是＿＿＿＿＿＿＿＿＿＿。

❹ 虽然我跟他是多年的同学,但事实上,我对他＿＿＿＿＿＿＿＿＿＿。

❺ 虽然你嘴上不说,但事实上,＿＿＿＿＿＿＿＿＿＿。

❻ 坦率地说,我对电脑＿＿＿＿＿＿＿＿＿＿。

❼ 坦率地说,我还不太了解＿＿＿＿＿＿＿＿＿＿。

第 10课 富爸爸、穷爸爸

孙立峰：你知道吗？ 于海要去加拿大了。

黄大卫：像他这种有钱人，摊着了个好爸爸，可真幸福。不像我们，考不
    上大学就什么都没了。

邵钟瑞：是啊，"学好数理化，不如有个好爸爸啊！"

黄大卫：不过我看他也考不上加拿大的什么好大学，顶多拿钱买个文凭
    回来，再在他爸爸的公司里工作。

邵钟瑞：那也比我们强啊！我们虽然学习比他好，但万一高考的时候发
    挥失常，恐怕连工作都找不到。

孙立峰：我只是说他要去加拿大，你们怎么就开始嫉妒起来了？

黄大卫：难道你就一点都不嫉妒吗？

孙立峰: 这有什么可嫉妒的? 他们家的钱, 也是人家父母辛辛苦苦赚来的, 又不是偷的。我们也可以辛辛苦苦赚钱, 然后让我们的后代像他那样啊!

邵钟瑞: 我可不想让我的后代像他那样, 整天就知道乱花钱, 不学无术。

黄大卫: 是啊, 如果那样的话, 简直就是用钱亲手毁了自己的孩子。

孙立峰: 你们今天是怎么啦? 我的意思是, 说你们也可以赚很多钱, 然后让自己的孩子过上幸福的生活。

邵钟瑞: 哎, 你是永远不会理解我们穷人的痛苦的。

孙立峰: 我家也不是很有钱, 但我就相信, 我可以改变自己的命运, 如果我改变不了, 那是我的无能, 我不会怪自己的父母。

邵钟瑞: 说的也是啊。作为男人, 就应该有点儿骨气, 为什么不把心中的不平, 转化为学习的动力呢?

孙立峰: 咱们啊, 还是趁他们有钱人家的孩子玩的时候, 多学点儿吧!

黄大卫: 快走吧, 数学补习课马上要开始了。

分组讨论下面的问题

1 你羡慕别人有一个富爸爸吗?

2 你埋怨过你的父母吗?

3 如果你的岳父有钱有势, 他要你接他的班, 你会不会接受?

4 你会给你的孩子提供怎样的生活环境?

5 你觉得一定要上大学才能成就一番大事业吗? 请举例说明。

6 在韩国招聘职员的时候, 一般比较看重哪方面的才能?

7 你觉得大学的牌子重要还是专业重要? 请举例说明。

* 동의하는 관점에 'V'로 표기하고, 동의하지 않는 관점에 'X'로 표기 하시오.

☐ 1 有钱能使鬼推磨。

☐ 2 有钱是大爷，没钱是孙子。

☐ 3 有钱就有一切。

☐ 4 学好数理化，不如有个好爸爸。

☐ 5 有啥别有病，没啥别没钱。

☐ 6 女子无才便是德。

☐ 7 嫁个有钱的男人不如嫁个有资本的男人。

☐ 8 干得好不如嫁得好。

☐ 9 糟糠之妻不可欺。

☐ 10 衣服还是新的好，朋友还是老的好。

☐ 11 没钱的时候，债务多，有钱的时候，亲戚多。

☐ 12 没钱的时候，在外面骑自行车，有钱的时候，在家里骑自行车。

☐ 13 没钱的时候，装有钱，有钱的时候，装没钱。

☐ 14 钱能买到房子，但买不到家，能买到婚姻，但买不到爱。

☐ 15 钱不是一切，反而是痛苦的根源。

* 동의하지 않는 관점을 다시 한 번 적어보시고, 예를 들어 설명을 해보세요.

1

2

3

生词

□ 摊 tān • 튕 만나다. 할당하다

□ 数理化 shùlǐhuà • 수학 · 물리 · 화학

□ 顶多 dǐngduō • 분 기껏해야. 고작(해서)

□ 文凭 wénpíng • 명 (졸업) 증서

□ 发挥 fāhuī • 튕 발휘하다. 발양하다

□ 失常 shīcháng • 형 비정상적이다

□ 后代 hòudài • 명 후대. 후세

□ 乱 luàn • 분 제멋대로. 함부로

□ 不学无术 bù xué wú shù • 성 배운 것도 없고 재주도 없다

□ 简直 jiǎnzhí • 분 그야말로. 정말

□ 亲手 qīnshǒu • 분 자기 손으로. 손수

□ 毁 huǐ • 튕 훼손하다. 망가뜨리다

□ 永远 yǒngyuǎn • 분 언제나. 언제까지나

□ 穷人 qióngrén • 명 가난한 사람

□ 命运 mìngyùn • 명 운명

□ 无能 wúnéng • 형 무능하다. 능력이 없다

□ 怪 guài • 튕 책망하다. 원망하다

□ 有骨气 yǒu gǔqì • 기개가 있다

□ 不平 bùpíng • 명 불공평

□ 转化为 zhuǎnhuàwéi • …으로 전화하다

□ 说的也是 shuō de yě shì • 맞는 말씀입니다

□ 趁 chèn • 전 (때 · 기회를) …빌어서. 틈타서

□ 补习课 bǔxíkè • 보습 시간

□ 岳父 yuèfù • 명 장인

□ 接班 jiēbān • 튕 계승하다. 후계하다

□ 成就 chéngjiù • 튕 성취하다. 이루다

□ 一番大事业 yì fān dà shìyè • 큰 사업

□ 看重 kànzhòng • 튕 중시하다

□ 牌子 páizi • 명 팻말

□ 推磨 tuīmò • 튕 맷돌질하다

□ 一切 yíqiè • 명 모든 것

□ 便 biàn • 분 곧. 즉

□ 德 dé • 명 은혜. 은덕

□ 糟糠之妻不可欺 zāokāng zhī qī bù kě qī • 성 조강지처를 버리면 안 된다

□ 债务 zhàiwù • 명 채무

□ 装 zhuāng • 튕 …인 체하다

□ 婚姻 hūnyīn • 명 혼인

□ 根源 gēnyuán • 명 근원

语法解释

1 摊着了个好爸爸，可真幸福。

여기서 "摊着"은 본인의 의지와 상관없이 태어나게 된 것을 가리키고 있다. 이밖에 "摊着"는 선택의 여지가 없이 어떤 사람이나 어떤 일에 봉착하게 되는 경우를 가리키는 말로서 흔히 부부의 인연 혹은 어떤 일을 맡게 될 때 많이 사용한다.

> 摊着个不会做饭的爱人，你还能有什么办法？
> 今天我摊着好活儿了。

2 学好数理化，不如有个好爸爸。

수학, 물리, 화학 같은 것을 잘 배워 대학을 가는 것보다 부자 아빠가 있는 것이 더 낫다는 뜻으로 80년대 중국에서 많이 유행했던 말이다.

3 万一高考的时候发挥失常，以后恐怕连工作都找不到。

여기서 "发挥失常"은 시험을 볼 때 제 실력을 발휘하지 못하는 경우를 가리키는 말이다. 이밖에 "发挥失常"은 운동 경기를 할 때도 사용할 수 있다.

> 比赛的时候，他因为发挥失常，所以没有拿到金牌。
> 我今天考试没考好，发挥失常了。

4 说的也是啊。

"说的也是啊"은 "그렇네요"라는 뜻으로 상대방의 말에 동의를 표시할 때 사용한다.

1 보기 단어 뒤에 올 수 있는 단어를 A, B, C, D 중에서 모두 골라 보세요.

意思

❶ 高 ➡

　ⓐ 温　　ⓑ 分　　ⓒ 楼　　ⓓ 考

❶

❷ 发挥 ➡

　ⓐ 作用　ⓑ 能力　ⓒ 失常　ⓓ 效力

❷

❸ 乱 ➡

　ⓐ 说话　ⓑ 花钱　ⓒ 写　　ⓓ 挣钱

❸

❹ 理解 ➡

　ⓐ 经济　　　　　ⓑ 人
　ⓒ 万岁　　　　　ⓓ 中国历史

❹

❺ 相信 ➡

　ⓐ 教会　ⓑ 人　　ⓒ 命运　ⓓ 权利

❺

❻ 怪 ➡

　ⓐ 自己　ⓑ 味儿　ⓒ 事儿　ⓓ 物

❻

❼ 改变 ➡

　ⓐ 名字　　　　　ⓑ 命运
　ⓒ 约会　　　　　ⓓ 生活方式

❼

❽ 辛辛苦苦 ➡

　ⓐ 工作　ⓑ 学习　ⓒ 赚钱　ⓓ 看书

❽

❾ 有 ➡

　ⓐ 骨气　ⓑ 能力　ⓒ 学问　ⓓ 思想

❾

2 반대말 단어를 골라 선을 이어보세요.

① 乐观 ·   · 嫉妒   ⑭ 高级 ·   · 杂牌

② 最好 ·   · 悲观   ⑮ 名牌 ·   · 简朴

③ 羡慕 ·   · 男人   ⑯ 豪华 ·   · 低级

④ 以后 ·   · 有能力   ⑰ 岳父 ·   · 考得上

⑤ 女人 ·   · 最坏   ⑱ 狭隘 ·   · 忧心忡忡

⑥ 有钱 ·   · 以前   ⑲ 无忧无虑 · · 前一代

⑦ 无能 ·   · 压力   ⑳ 考不上 ·   · 岳母

⑧ 动力 ·   · 穷人   ㉑ 高效率 ·   · 三心二意

⑨ 开始 ·   · 忙碌   ㉒ 后代 ·   · 承认

⑩ 富人 ·   · 批评   ㉓ 否认 ·   · 宽广

⑪ 闲暇 ·   · 结束   ㉔ 舍不得 ·   · 好过

⑫ 鲜明 ·   · 没钱   ㉕ 难过 ·   · 舍得

⑬ 表扬 ·   · 模棱两可   ㉖ 全心全意 · · 低效率

3 ( )에서 골라 문장을 완성하시오.

❶ 我来韩国快十年了，哪儿(都／也)去过。

❷ 考不上大学(都／的话)就得去做苦工(힘든 노동)。

❸ 天很黑，(又／也)下着雨，路更难走了。

❹ 他们家的钱也是人家父母辛辛苦苦赚(来／去)的，又不是偷的。

❺ 我每天这么(辛辛苦苦／累)赚钱还不是为了你嘛!

❻ 你整天(就／只有)知道工作，家里的事儿从来不过问(관여하다)。

❼ 作为男人，就应该有点儿(骨气／志气)，不要整天低三下四(굽신거리다)的。

4 "万一"，"乱"，"还是……吧"의 뜻을 고려하여 아래의 문장을 완성하시오.

❶ 万一他知道了这件事，_____。

❷ 万一他不来，_____。

❸ 你不要乱_____。

❹ 你怎么乱_____呢?

❺ 周末会塞车，我们还是_____吧。

❻ 你还是_____吧。

富人和穷人的差异

	富人	穷人
投资意识	有位投资专家说，富人成功的秘诀就是：不管多困难，也不会卖掉资产或不动产，压力会使你找到赚钱的新方法，帮你还清债务。	一个富人送给穷人一头牛。可牛要吃草，人要吃饭，日子难过。于是穷人把牛卖了，买了几只羊，吃了一只，剩下来的用来生小羊。可小羊迟迟没有生出来，日子又艰难了。穷人把羊卖了，买了鸡，但是日子并没有改变，最后穷人把鸡也杀了，穷人的理想彻底崩溃了。
学习	学管理。	学手艺。
时间	富人做事珍惜时间，总觉得时间不够用。富人很少有闲暇的时候，因为他们总是找事做，所以一年四季每天都过得非常忙碌。	一个享受充裕时间的人不可能赚大钱。
激情	很有激情。有了激情，才会有强烈的感染力，才会有解决问题的魄力和方法。	没有激情。一般不会出大错，也绝对不会做到最好。
自信	李嘉成在谈到他的经营秘诀时说：其实也没什么特别的，光景好时，决不过分乐观；光景不好时，也不过度悲观。其实就是一种富人特有的自信。	做什么事情都没有自信。
上网	富人上网，更多的是利用网络的低成本高效率，寻找更多的投资机会和项目。	穷人上网是为了聊天。聊天的原因，一是穷人时间多，二是穷人成天受着别人的白眼和窝囊气，说出来心里痛快。

生词

- 秘诀 mìjué • 명 비결
- 资产 zīchǎn • 명 자산
- 赚钱 zhuànqián • 동 돈을 벌다
- 还清 huánqīng • 동 (빚을) 완전히 갚다. 청산하다
- 债务 zhàiwù • 명 채무
- 草 cǎo • 명 풀. 잔디
- 于是 yúshì • 접 그래서
- 难过 nánguò • 형 괴롭다. 슬프다
- 迟迟 chíchí • 형 느릿느릿한 모양
- 艰难 jiānnán • 형 곤란하다. 힘들다
- 杀 shā • 동 죽이다
- 彻底 chèdǐ • 형 부 철저하다(히)
- 崩溃 bēngkuì • 동 붕괴(붕궤)하다
- 珍惜 zhēnxī • 동 소중히 여기다
- 闲暇 xiánxiá • 명 틈. 짬. 여가
- 忙碌 mánglù • 형 분망하다. 바쁘다
- 手艺 shǒuyì • 명 손재간. 기술. 수공 기술
- 充裕 chōngyù • 형 넉넉하다. 여유가 있다
- 激情 jīqíng • 명 열정. 정열
- 感染力 gǎnrǎnlì • 명 감화력
- 魄力 pòlì • 명 패기. 박력. 투지
- 出大错 chū dà cuò • 큰 실수를 하다
- 李嘉成 Lǐjiāchéng • 이쨔청(인명)
- 经营 jīngyíng • 동 경영하다
- 光景 guāngjǐng • 명 상황. 경우

- 决不 juébù • 절대로 …하지 않다. 결코 …하지 않다
- 过分 guòfèn • 동 (말이나 행동이) 지나치다. 과분하다
- 乐观 lèguān • 낙관(하다). 낙관적(이다)
- 过度 guòdù • 동 (정도를) 지나치다. 과도하다
- 悲观 bēiguān • 동 비관적이다
- 成本 chéngběn • 명 원가
- 寻找 xúnzhǎo • 동 찾다
- 白眼 báiyǎn • 명 백안. 시쁘게 여기거나 냉대하여 보는 눈
- 窝囊气 wōnangqì • 명 울분. 울화
- 痛快 tòngkuai • 형 통쾌하다. 즐겁다

第11课 你会和你爱的人结婚还是和爱你的人结婚?

娜娜：你会和你爱的人结婚，还是和爱你的人结婚?

丽丽：当然要选我既爱他，他又爱我的人啦!

娜娜：我的意思是哪个多一点儿。

丽丽：嗯，我会和我爱的人结婚。因为婚姻中琐事很多，如果我爱他，就会包容他。

娜娜：可他不是那么爱你，包容不了你呢? 比如，他几天几夜不回家，爱他的你就会非常伤心，可他却在外面逍遥浪漫，并对你理直气壮，这样的婚姻还有什么意义? 我就要和爱我的人结婚。

丽丽：你说的情况也太糟糕了，难道世界上就没有好男人了吗?

娜娜：我说的不是那个意思，我是说，女人应该找一个爱自己的人，才会更幸福，更美满。

丽丽：上次我看了一本杂志，那里说，现在结婚后，特别是年过四十的男人出轨率达到了25%，吓得我都不敢结婚了。

娜娜：哎，"男人四十一朵花，女人四十豆腐渣。"

丽丽：我早就想好了，到了四十，我就去整容，那样我依然会年轻美丽。

娜娜：要我说，还是找个真正爱我的，就算他出轨了，我也相信他依然会回到我身边的。

丽丽：出轨了，你还指望他回到你身边干什么？

娜娜：我觉得男人风流也是一时的，并不是真正想要跟你离婚，只是禁不住一时的诱惑，所以还是应该给他一次机会。

丽丽：你平时挺小心眼儿的，对男人怎么会这么宽容？

娜娜：我只不过是嘴上说说而已，真正轮到我自己的头上，我也未必能做得到。唉，对了，现在你和你男朋友处得怎么样了？

丽丽：很好啊，今天是我们恋爱两周年纪念日，他为我准备了烛光晚餐呢。

娜娜：哈哈，那你还是赶紧准备去吧，打扮漂亮点儿。

丽丽：那改天见，你也快点儿找个男朋友吧。这结婚啊，就像买衣服，有的衣服好看，但不合身，不是有句话嘛，"适合自己的才是最好的。"

娜娜：知道啦。

分组讨论下面的问题

1 你觉得应该和爱你的人结婚还是和你爱的人结婚？为什么？

2 你谈过几次恋爱？你觉得爱和被爱哪个更幸福？

3 你相信世界上有永恒的爱情吗？爱有没有有效期？

4 在选择爱人的时候，你最看重什么？

5 如果有一天你的爱人在外面有了新欢，你会不会原谅他(她)？

1

在苏格兰，新娘进门时，要把蛋糕抛向空中，抛得越高，就意味着婚姻越美满。如果她抛得不高，新郎和家人就会不高兴，因为这意味着他们的婚姻会破裂。

2

法国一些地方，青年男女结婚前，要为自己的朋友举行一次"埋葬单身汉生活的葬礼"，制作一个象征性的"棺材"，然后把"棺材"埋在田野里，或扔到河里。

3

在印度尼西亚的爪哇岛，因为当地老鼠成灾，男子要登记结婚，必须先打死25只大老鼠送交政府，否则不予办理结婚手续。

4

中国布依族主要居住在贵州省，布依族人结婚只是一个形式，新郎和新娘并不同居。新娘来到婆家后，白天忙家务，晚上和婆婆或者小姑子一起睡。三、五天之后新娘就回到娘家。一直到新娘怀孕时，新娘才在丈夫家住下，称为"坐家"。

生词

회화

□ 既… 又… jì…yòu… • …하기도 하고 …하기도 하다

□ 琐事 suǒshì • 🅟 자질구레한 일

□ 包容 bāoróng • 🅢 포용하다

□ 逍遥 xiāoyáo • 🅢 아무런 구속도 받지 않다

□ 理直气壮 lǐ zhí qì zhuàng • 🅢 떳떳하다

□ 出轨 chūguǐ • 🅢 외도하다. 탈선하다

□ 吓 xià • 🅢 놀라다

□ 豆腐渣 dòufuzhā • 🅟 콩비지

□ 要我说 yào wǒ shuō • 내가 볼 땐

□ 依然 yīrán • 🅗 의연하다. 전과 다름이 없다

□ 就算 jiùsuàn • 🅟 설령 …이라도

□ 指望 zhǐwàng • 🅢 기대하다

□ 风流 fēngliú • 🅗 방탕하다. 에로틱하다

□ 禁不住 jīn bu zhù • 참지 못하다

□ 小心眼儿 xiǎoxīnyǎnr • 🅗 마음이 좁다. 옹졸하다

□ 未必 wèibì • 🅟 반드시 …한 것은 아니다

□ 轮到… 头上 lúndào…tóushang • 당사자 입장이 되면

□ 而已 éryǐ • 🅐 …만. …뿐

□ 烛光晚餐 zhúguāng wǎncān • 촛불 만찬

□ 改天见 gǎitiān jiàn • 다음에 봅시다

□ 合身 héshēn • 🅗 (의복이) 몸에 맞다

□ 永恒 yǒnghéng • 🅗 영원히 변하지 않다

□ 被爱 bèi'ài • 사랑을 받다

□ 有效期 yǒuxiàoqī • 🅟 유효 기간

□ 新欢 xīnhuān • 🅟 새 애인

기타

□ 苏格兰 Sūgélán • 🅟 스코틀랜드

□ 意味着 yìwèizhe • 🅟 의미하다. 뜻하다

□ 美满 měimǎn • 🅗 아름답고 원만하다

□ 破裂 pòliè • 🅢 (사이가) 틀어지다. 결렬하다

□ 埋葬 máizàng • 🅢 매장하다

□ 葬礼 zànglǐ • 🅟 장례. 장의

□ 制作 zhìzuò • 🅢 제작하다. 만들다

□ 棺材 guāncai • 🅟 관. 널

□ 埋 mái • 🅢 묻다. 파묻다

□ 田野 tiányě • 🅟 들판. 들

□ 印度尼西亚 Yìndùníxīyà • 🅟 인도네시아

□ 爪哇岛 Zhuǎwādǎo • 자바섬

□ 成灾 chéngzāi • 🅟 재해

□ 不予办理 bùyǔ bànlǐ • 처리해주지 않는다

□ 布依族 bùyīzú • 🅟 포의족

□ 婆家 pójia • 🅟 시댁

□ 小姑子 xiǎogūzi • 손아래 시누이

语法解释

1 男人四十一朵花，女人四十豆腐渣。

이 말은 "남자는 40이 되어도 꽃같이 예쁘지만, 여자는 40이 되면 콩비지 같이 볼품이 없다"라는 뜻으로 압운에 맞게 만들어낸 유행어이다. 다음은 이와 비슷한 유행어 중의 하나이다.

> 女人和球
> 20岁的女人是篮球，大家抢来抢去。
> 30岁的女人是排球，大家推来推去。
> 40岁的女人是足球，大家踢来踢去。
> 50岁的女人是皮球，扔到大街也没人要。

2 我觉得男人风流也是一时的。

"风流"는 "풍치 있고 멋드러지다"라는 뜻도 있지만, "방탕하다. 에로틱하다"라는 뜻으로 쓰이는 경우도 있다. 특히 남자를 언급할 때 많이 쓰인다.

> 听说年轻的时候，他特别风流。
> 他是我们学校的风流人物。

3 "禁不住"와 "受不了"의 비교

	뜻	설 명	예 문
禁不住	이겨 내지 못하다. 견디지 못하다. 참다.	'사람이 웃음·눈물 등을 참지 못하거나 어떤 유혹을 이겨내지 못하다' 라는 뜻이 있고, '사물이 어떤 것을 이겨내지 못하다' 라는 뜻도 있다.	大家禁不住都笑了起来。 她禁不住流下了眼泪。 这种植物禁不住冻。 这种鞋在山区禁不住穿。
受不了	참을 수 없다. 배길 수 없다. 견딜 수 없다.	'사람이 어떤 고통이나 어려움을 이겨내지 못하다' 라는 뜻을 나타낸다.	疼得受不了。 那里冬天太冷，我可受不了。 让我站着坐10个小时的火车，我可受不了。

如何嫁给有钱人？

问题贴："本人25岁，非常漂亮，想嫁给年薪50万美元的人。有没有年薪超过50万的人？你们都结婚了吗？我想请教各位一个问题，怎样才能嫁给你们这样的有钱人？有几个具体的问题：一、有钱的单身汉一般都在哪里消磨时光？（请列出酒吧、饭店、健身房的名字和详细地址。）二、我应该把目标定在哪个年龄段？三、为什么有些富豪的妻子长相一般，毫无吸引人的地方，但她们却能嫁入豪门。四、你们怎么决定谁能做妻子，谁只能做女朋友？（我现在的目标是结婚。）"

—波尔斯

回贴 ："亲爱的波尔斯：你所说的其实是一笔简单的"财""貌"交易：甲方提供迷人的外表，乙方出钱，公平交易。但是，这里有个致命的问题，你的美貌会消逝，但我的钱却不会减少。事实上，我的收入很可能会越来越多，而你不可能一年比一年漂亮。如果美貌是你唯一的资产，十年以后，你的价值甚忧。年薪能超过50万的人，当然都不是傻瓜，因此我们只会跟你交往，但不会跟你结婚。所以我劝你不要寻找嫁给有钱人的秘方。顺便说一句，你倒可以想办法，把自己变成年薪50万的人，这比碰到一个有钱的傻瓜胜算要大。"

—罗波·坎贝尔

生词

□ 如何 rúhé · 때 어떻게
□ 嫁 jià · 통 시집가다
□ 贴 tiē · 명 (인터넷에) 올린 글
□ 消磨时光 xiāomó shíguāng · 시간을 보내다
□ 列出 lièchū · 통 열거하다. 늘어놓다
□ 富豪 fùháo · 명 부호. 재벌
□ 毫无 háowú · 조금도(전혀) …이 없다
□ 吸引 xīyǐn · 통 매료시키다
□ 豪门 háomén · 명 부와 세력이 있는 집안. 호족

□ 回贴 huítiē · 명 댓글
□ 出钱 chūqián · 통 돈을 내다. 투자하다
□ 公平交易 gōngpíng jiāoyì · 공평한 교역
□ 致命的 zhìmìngde · 치명적인
□ 消逝 xiāoshì · 통 사라지다. 없어지다
□ 甚忧 shènyōu · 몹시 걱정스럽다
□ 秘方 mìfāng · 명 비결
□ 傻瓜 shǎguā · 명 바보
□ 胜算 shèngsuàn · 명 승산

1 알맞은 단어의 뜻을 골라 선을 이어보세요.

❶ 五音不全 ·　　　　· 쌍꺼풀

❷ 双胞胎 ·　　　　· 음치

❸ 双眼皮 ·　　　　· 구두쇠

❹ 铁公鸡 ·　　　　· 쌍둥이

❺ 没门儿 ·　　　　· 샘이 나다

❻ 眼红 ·　　　　· 어림도 없다

❼ 拍马屁 ·　　　　· 아첨하다

❽ 厚脸皮 ·　　　　· 무골호인

❾ 老好人 ·　　　　· 뻔뻔스럽다

❿ 单相思 ·　　　　· 바보

⓫ 傻瓜 ·　　　　· 말주변이 없다

⓬ 嘴笨 ·　　　　· 속이 검다

⓭ 心黑 ·　　　　· 짝사랑

⓮ 黑社会 ·　　　　· 깍쟁이

⓯ 小气鬼 ·　　　　· 애완 동물

⓰ 胆小鬼 ·　　　　· 마피아

⓱ 宠物 ·　　　　· 섹시하다

⓲ 很性感 ·　　　　· 겁쟁이

⓳ 吃醋 ·　　　　· 억지로 우기다

⓴ 嘴硬 ·　　　　· 질투하다

㉑ 心软 ·　　　　· 스캔들

㉒ 丑闻 ·　　　　· 마음이 여리다

㉓ 房东 ·　　　　· 집주인

㉔ 有外遇 ·　　　　· 밀수품

㉕ 黑市 ·　　　　· 암시장

㉖ 水货 ·　　　　· 외도하다

2 ( )에서 골라 문장을 완성하시오.

❶ 要想学好汉语，(既／也)要练习听和读，(还／也)要练习说和写。

❷ 不能再(包容／容忍)他了。

❸ 这部电影很有教育(意义／意思)，我建议你带孩子一起去看看吧。

❹ 老师讲了两遍，我(才／就)明白。

❺ 我的家乡在偏僻(외지다)的山村，今年春节的时候，我回去了一趟，发现那里的山山水水(依然／仍然)那么清澈(맑고 깨끗하다)。

❻ 我们(指望／期望)今年能有个好收成(작황)。

❼ 我觉得男人风流也是(一时／暂时)的，你还是应该给他一次机会。

3 "就算"，"我是说……"，"不敢……"，"……而已"의 뜻을 고려하여 아래의 문장을 완성하시오.

❶ 就算他再怎么笨，他也是我们的同学，我们不应该＿＿＿＿＿＿＿。

❷ 我是说你不应该＿＿＿＿＿＿＿＿＿。

❸ 我是说我们可以＿＿＿＿＿＿＿＿＿。

❹ 我可不敢＿＿＿＿＿＿＿＿＿。

❺ 我们不敢＿＿＿＿＿＿＿＿＿。

❻ 我只是＿＿＿＿＿＿＿＿＿而已。

❼ ＿＿＿＿＿＿＿＿＿而已。

짝궁에게 아래의 질문을 해보세요.

1. 你觉得女人多大结婚比较合适? 男人呢?

2. 你想生几个孩子? 你觉得儿子好还是女儿好? 请举例说明。

3. 如果你的孩子要跟外国人结婚, 你会不会反对?

4. 你觉得婚姻生活中最重要的是什么?

5. 你做菜做得怎么样? 你家的泡菜是买的还是做的?

6. 你对你爸爸、妈妈或者你爱人说过 "我爱你" 吗?

짝궁의 대답을 메모하고 다시 확인해 보세요.

1.

2.

3.

4.

5.

6.

* 아래의 그림에 대하여 묘사해 보세요.

第12课 价格磋商

王海亮: 产品您已经都看过了, 下一步我们该谈谈价格了吧?

申阳植: 我们对贵公司的丝绸制品和纯棉制品, 总的来说是比较满意的,
只是觉得价格太高了, 我们很难接受。

王海亮: 我们公司这两类产品, 不仅质量好, 式样也很新颖, 一投放市场
就十分走俏, 已经成为了我们公司的名优产品。

申阳植: 可是价格这么高, 我们无利可图啊! 总不能做亏本的生意吧?

王海亮: 价格虽然不低, 但一直非常畅销, 可见价格是比较合理的。

申阳植: 报价单上的价格都是实盘吗?

王海亮: 不是。许多问题我们还没有具体谈判, 价格要以我方最后确认
的为准。

申阳植: 请问, 贵公司根据什么最后确认价格?

王海亮: 主要取决于你们的订货量。如果你们的订货量大, 价格可以优
惠一些。

申阳植: 这恐怕有点儿难，因为我们是第一次从中国直接订货，再加上纺织品市场需求的不断变化，第一批货的订单不会太大。不过，如果市场反应良好的话，我们会加大订货量的。

王海亮: 那你们想定多少？

申阳植: 能不能先报一个C.I.F的最低价？如果价格合适的话，我们的订货量是不会太少的。

王海亮: C.I.F的最低价是78美元。

申阳植: 这跟产品说明书上的价格不是一样吗？没有什么优惠啊！

王海亮: 你是不是看错了？产品说明书上的价格是F.O.B价格。

申阳植: 哦，原来是这样。如果那么说的话，价格还算是比较合理的，那我们就下10集装箱的订单。

王海亮: 你是说20PT的集装箱，还是40PT的集装箱？

申阳植: 当然是40PT的集装箱了。

王海亮: 那好吧，我们会尽快为您配货。

申阳植: 希望我们今后合作愉快！

贸易小常识:

1 C.I.F价是指什么？
   A 运费加保险费　　　　B 成本价加运费和保险费
   C 成本价

2 实盘是指什么？
   A 实际的价格　　　　B 报价　　　　　　C 批发价

3 成本价是指什么？
   A 商品的原来价格　　B 生产某一产品所耗费的全部费用
   C 销售价

4 单价是指什么？
   A 商品的单位价格　　B 产品的出厂价　　C 零售价

商务汉语应用文(2)

介绍生产和流通过程

🌑 开头语:
- ■ 现在我来给大家介绍一下本公司的生产和流通过程。
- ■ 我来说明一下本公司的生产过程和流通过程。
- ■ 下面由我来给大家介绍一下本公司的生产和流通过程。
- ■ 让我来介绍一下本公司生产系统的独到之处。

🌑 说明特点:
- ■ 我们的生产系统是由数十台电脑控制的机器人操作的。
- ■ 我们公司实行流水作业,并已全部实现了自动化。
- ■ 我们公司生产系统的特点是安全、迅速、高效率、高质量。
- ■ 我们公司拥有国内最大的流通网和销售网。

🌑 结束语:
- ■ 正如我在上面谈到的,我们公司的生产和流通系统可以说是一流的。
- ■ 有关生产和流通内容比较繁杂,所以很难在如此简短的时间内进行充分的说明,需要了解详情,请跟我们的生产部联系,我们将尽力为您效力。

生词

회화

- 下一步 xià yi bù • 다음 단계
- 丝绸 sīchóu • 명 실크
- 纯棉 chúnmián • 순면
- 只是 zhǐshì • 접 그러나. 그런데. 다만
- 新颖 xīnyǐng • 형 참신하다. 새롭고 독특하다
- 投放 tóufàng • 동 (시장에 상품을) 내놓다
- 走俏 zǒuqiào • 동 잘 팔리다. (상품이) 인기가 좋다
- 名优产品 míngyōu chǎnpǐn • 이름 난 우량 제품
- 总 zǒng • 부 아무튼. 결국. 어쨌든
- 无利可图 wúlìkětú • 취할 이익이 없다
- 亏本 kuīběn • 동 본전을 까먹다. 밑지다
- 畅销 chàngxiāo • 형 동 매상이 좋다. 잘 팔리다
- 合理 hélǐ • 형 합리적이다. 도리에 맞다
- 报价 bàojià • 동 오퍼를 내다. 견적서를 내다
- 实盘 shípán • 명 실가. 실제의 값
- 谈判 tánpàn • 동 협상(하다)
- 我方 wǒfāng • 명 우리 측
- …为准 …wéizhǔn • …을 기준으로 삼다
- 取决于 qǔjuéyú • …에 달려 있다
- 优惠 yōuhuì • 형 특혜의
- 纺织品 fǎngzhīpǐn • 명 방직품
- 再加上 zàijiāshang • 접 게다가
- 订单 dìngdān • 명 주문서
- 反应 fǎnyìng • 명 동 반응(하다)
- 集装箱 jízhuāngxiāng • 명 컨테이너

- 尽快 jǐnkuài • 부 되도록 빨리
- 配货 pèihuò • 동 물품을 조달하다
- 运费 yùnfèi • 명 우송료
- 保险费 bǎoxiǎnfèi • 명 보험료
- 成本 chéngběn • 명 원가
- 销售价 xiāoshòujià • 명 판매가
- 单价 dānjià • 명 단가
- 出厂价 chūchǎngjià • 명 공장 출하가격

기타

- 流通 liútōng • 명 동 유통(하다)
- 下面 xiàmian • 명 다음
- 系统 xìtǒng • 명 시스템. 체계
- 独到之处 dúdào zhī chù • 독특한 점
- 控制 kòngzhì • 동 제어하다. 억제하다
- 机器人 jīqìrén • 명 로봇
- 流水作业 liúshuǐ zuòyè • 명 일관 작업. 컨베이어 시스템
- 实现 shíxiàn • 동 실현하다. 달성하다
- 自动化 zìdònghuà • 명 자동화
- 流通网 liútōngwǎng • 명 유통망
- 一流 yìliú • 명 일류
- 繁杂 fánzá • 형 번잡하다
- 简短 jiǎnduǎn • 형 (언행 또는 문장 등이) 간결하다
- 详情 xiángqíng • 명 상세한 상황(사정)
- 效力 xiàolì • 명 효력. 효과. 효능

语法解释

1 "只", "只是"의 비교

	뜻	설 명	예 문
只	단지. 다만. 오직	부사. 이외에 다른 것이 없음을 나타냄. 只 + 동사	我只想问一个问题。 我只学过英语。
只是	다만. 오직. 오로지	부사. 범위를 한정하다.	以上只是我一点不成熟的意见。 我只是听说，并没有亲眼看见。
	그러나. 그런데	접속사. 완곡하게 의미의 전환을 나타낸다.	这东西好是好，只是贵了点儿。 我也想去看看，只是没有时间。

2 "不过", "可是", "但是", "然而"의 비교

	뜻	설 명	예 문
不过	…에 지나지 않다. …에 불과하다	부사. 앞뒤에 대개 설명하는 말이 오며, 주어 앞에 쓰이지 않는다.	我看他也不过30岁。 我不过是问问价钱罢了。
	그런데. 그러나	접속사. 전환을 표시하며, '但是'보다는 어감이 약하며 구어에 많이 쓰인다.	他性子一向很急，不过现在好多了。 这个人很面熟，不过我一时想不起来是谁。
可是	그러나. 하지만. 그렇지만	접속사. 종종 앞에 '虽然'과 같은 양보절과 호응함.	大家虽然很累，可是都很愉快。 我劝了半天，可是他不听。
	그런데	접속사. 화제를 바꿀 때 쓰임.	可是，已经来不及坐火车了。 可是，我已经出发了。
但是	그러나. 그렇지만	접속사. 왕왕 앞에 '虽然' '尽管' 등이 옴.	他虽然70多岁了，但是精力还很旺盛。 好是好，但是我不想要。
然而	그렇지만. 그러나. 그런데	접속사. 문어체에 많이 쓰임.	然而他的态度始终没有改变。 尽管失败了很多次，然而他并不灰心。

跟跑者的启示

　　人们经过多年的观察发现，凡是在马拉松比赛中取胜的，大多数是跟跑者，而很少是领跑者。马拉松比赛不仅需要速度，更需要持久的耐力。在赛场，领跑者不仅比别人要消耗更多的体力，承受着更大的心理压力，战术意图也很容易被人识破。

　　经商和马拉松长跑比赛有着惊人的相似之处。美国国际商业机器公司就有一套自己独特的营销策略，他们几乎不研发新产品，而是等别的公司新产品问世后，就立即派出员工，征求用户对该产品的意见和建议，迅速开发出更适合销路的"新产品"，而这一产品的设计一般比其他公司的要好得多。这样一来，可以减少在人力、物力、经费和时间等方面的浪费。可以说，这就是美国国际商业机器公司的跟跑战略。

　　这说明了一个道理："跟跑者"紧紧盯住"领跑者"，也可以取得竞争的最后胜利。在企业还没有绝对竞争实力的情况下，暂且充当"跟跑者"又何尝不可呢？

生词

- 启示 qǐshì · 명 동 계시(하다)
- 凡是 fánshì · 부 대강. 대체로
- 取胜 qǔshèng · 동 승리를 얻다. 승리하다
- 跟跑者 gēnpǎozhě · 뒤를 따라 달리는 사람
- 领跑者 lǐngpǎozhě · 앞서가면서 달리는 사람
- 持久 chíjiǔ · 동 오래 지속되다
- 消耗 xiāohào · 동 소모하다
- 承受 chéngshòu · 동 감당하다. 이겨 내다
- 战术 zhànshù · 명 전술
- 意图 yìtú · 명 의도
- 识破 shípò · 동 간파하다
- 惊人 jīngrén · 동 사람을 놀라게 하다
- 相似之处 xiāngsì zhī chù · 비슷한 점
- 研发 yánfā · 동 연구 제작하여 개발하다
- 问世 wènshì · 세상에 나오다

- 立即 lìjí · 부 즉시. 곧
- 员工 yuángōng · 명 종업원
- 征求 zhēngqiú · 동 (의견을) 널리 구하다
- 用户 yònghù · 명 사용자. 가입자
- 该产品 gāi chǎnpǐn · 이 제품. 그 제품
- 销路 xiāolù · 명 판로
- 经费 jīngfèi · 명 경비. 비용
- 战略 zhànlüè · 명 전략
- 紧紧 jǐnjǐn · 부 바짝. 단단히
- 盯住 dīngzhù · 주시하다
- 取得 qǔdé · 동 얻다. 획득하다
- 暂且 zànqiě · 부 잠깐. 잠시
- 充当 chōngdāng · 동 충당하다
- 未尝不可 wèi cháng bù kě · 성 안 된다고 할 수 없다

117

1 보기 단어 뒤에 올 수 있는 단어를 A, B, C, D 중에서 모두 골라 보세요.

意思

❶ 价格 ➡

ⓐ 比较合理　　ⓑ 太高了
ⓒ 很理想　　　ⓓ 低廉

❷ 反应 ➡

ⓐ 没有　ⓑ 慢　ⓒ 良好　ⓓ 灵

❸ 配 ➡

ⓐ 服装　ⓑ 货　ⓒ 眼镜　ⓓ 钥匙

❹ 商品 ➡

ⓐ 有人气　ⓑ 很走俏　ⓒ 很畅销　ⓓ 走红

❺ 做 ➡

ⓐ 事儿　ⓑ 生意　ⓒ 手脚　ⓓ 官儿

❶

❷

❸

❹

❺

2 반대말 단어를 골라 선을 이어보세요.

❶ 畅销　·　　　· 虚盘
❷ 实盘　·　　　· 间接
❸ 新颖　·　　　· 滞销
❹ 直接　·　　　· 减少
❺ 加大　·　　　· 陈旧
❻ 亏本　·　　　· 盈利

❼ 高　　·　　　· 最高价
❽ 我方　·　　　· 低
❾ 第一次　·　　· 末流
❿ 最低价　·　　· 有利可图
⓫ 一流　·　　　· 最后一次
⓬ 无利可图·　　· 你方

3 ( )에서 골라 문장을 완성하시오.

❶ 我们对贵公司的纯棉制品,(总的来说/总之)是比较满意的。

❷ 我(只是/只有)一个儿子,如果再有个女儿就好了。

❸ 听说在大陆他是一个非常(走俏/走红)的演员。

❹ 明明是(亏本/亏)的买卖,可他还要做,而且还做得那么认真,真是不可思议(불가사의하다)。

❺ (恐怕/也许)不行,因为明天我得参加一个非常重要的会议。

❻ 因为是(第一次/最初)来中国,所以看到什么都感到非常新鲜。

❼ 请放心,我们会(尽快/尽早)为您处理好这件事情的。

4 "你是说……还是……?", "只是", "总", "取决于……"의 뜻을 고려하여 아래의 문장을 완성하시오.

❶ 你是说一个两千块,还是一共_____?

❷ 你是说一个人来,还是_____?

❸ 颜色和式样都不错,只是_____。

❹ 以后总会知道的,我劝你_____。

❺ 我总得先向上级请示一下,要不然_____。

❻ 能否被录取,主要取决于_____。

❼ 价格上的优惠,主要取决于_____。

善意的谎言

曲美丽: 你知不知道林峰和圆圆谈恋爱的事儿?

刘小红: 当然知道了!和校花谈恋爱谁不知道啊。

曲美丽: 哎,我感动得都要哭了。他们俩的事儿,怎么比电视剧还电视剧啊?

刘小红: 怎么了?

曲美丽: 看来你对他们的故事还一无所知。

刘小红: 你快说给我听听。

曲美丽: 有一次圆圆说,要去看电影,林峰就骗女朋友说他母亲病了。其实是林峰兜儿里没钱了,他把那个月他妈给他的生活费都用光了。

刘小红: 圆圆也真是的,她自己怎么一毛不拔啊?谁养得起她啊?

曲美丽: 圆圆以为林峰很有钱,所以就让他拿了呗。

刘小红: 林峰他妈妈不是在外企工作吗?收入应该很高啊!

曲美丽：你先听我说完。那天林峰回去跟他妈要钱，说是买教材，拿了300块。林峰用这钱跟圆圆一起看了场电影，又去公园逛了一圈儿。这时候，有个捡破烂儿的中年妇女从后面走过来，问有没有空易拉罐儿。林峰说有，正要递给她易拉罐儿的时候，林峰惊呆了，那竟然是他母亲！

刘小红：不会吧？天哪！这种事情怎么可能发生呢？然后呢？

曲美丽：然后，林峰就马上冲过去抱住了他母亲，可他母亲却说："你是不是看错人了？"林峰没有理会母亲的话，紧紧地抱住了母亲，满脸都是泪。之后他买了辆三轮车，每天做苦工帮妈妈赚钱。后来他才知道，其实他母亲都已经下岗一年了，一直找不到工作，只好靠捡破烂儿，来勉强维持生活。

刘小红：他母亲真伟大！下岗的事儿竟然瞒了一年。

曲美丽：是啊，最感动的还在后面。前不久毕业典礼的时候，圆圆找林峰去喝咖啡了。林峰为当年的不辞而别道了歉。圆圆说："其实那天你和你母亲的相遇，是我一手安排的。"

刘小红：哇！看不出来，圆圆竟然是如此好的一个女孩子！我还以为她只认钱呢！

曲美丽：我以前也是那么认为的，这次对她真的刮目相看了。她后来和林峰又和好了，她说她为林峰感到骄傲！

刘小红：真是太感动了。林峰妈妈的善意谎言，还有圆圆的良苦用心，哎，太富戏剧性了！

分组讨论下面的问题

1 有些人不善于说谎，一说谎就脸红。如果你说谎，你的表情会有什么变化？

2 你听过善意的谎言吗？如果听过，请你给大家讲一下。

3 如果你的亲人得了癌症，你会不会告诉他？

经典谎言

老板　　　：我不会忘记你的功劳。

公司职员　：明天我就不干了。

影视明星　：我们只是朋友关系。

政客　　　：我一分钱都没收。

校长　　　：下面，我简单的讲两句。

摄影师　　：你是我见过的最漂亮的新娘。

餐厅服务员：菜马上就来。

老师　　　：明天的考试很简单。

医生　　　：放心，你的病马上就会好的。

客车司机　：准时出发。

情人的经典谎言

女孩：这是我第一次……

　　　如果没有你，我怎么活呀？

　　　你知道，我看上的不是你的钱。

男孩：我会照顾孩子的，请你放一百个心。

　　　我对天发誓，这辈子只爱你一个。

　　　没有你，我会疯掉！

　　　我不会做出对不起你的事。

　　　我绝对不会说谎。

　　　你的过去我不在乎。

生词

회화

- 林峰 Línfēng • 린펑(인명)
- 圆圆 Yuányuan • 위앤위앤(인명)
- 校花 xiàohuā • 몡 학교에서 제일 아름다운 여학생
- 一无所知 yì wú suǒ zhī • 아무 것도 모르다
- 真是的 zhēnshìde • 정말. 참(불만의 감정을 나타냄)
- 一毛不拔 yì máo bù bá • 셩 털 한 가닥도 안 뽑는다; 인색하기 그지없다
- 养得起 yǎng de qǐ • 먹여 살릴 수 있다
- 教材 jiàocái • 몡 교재
- 捡破烂儿 jiǎn pòlànr • 쓰레기를 줍다
- 中年妇女 zhōngnián fùnǚ • 중년 여인
- 易拉罐儿 yìlāguànr • 몡 알루미늄 캔
- 惊呆 jīngdāi • 동 놀라 어리둥절하다
- 天哪 tiān na • 맙소사!
- 冲过去 chōng guoqu • 돌진하다
- 抱住 bàozhù • 꼭 껴안다
- 理会 lǐhuì • 동 아랑곳하다. 상관하다
- 满脸 mǎnliǎn • 만면
- 泪 lèi • 몡 눈물
- 三轮车 sānlúnchē • 몡 삼륜차
- 苦工 kǔgōng • 몡 힘든 노동
- 下岗 xiàgǎng • 동 실직하다
- 靠 kào • 동 의지하다
- 瞒 mán • 동 감추다. 속이다

- 毕业典礼 bìyè diǎnlǐ • 몡 졸업식
- 当年 dāngnián • 몡 그 때. 그 당시
- 不辞而别 bù cí ér bié • 셩 말없이 이별하다
- 道歉 dàoqiàn • 동 사과하다. 사죄하다
- 相遇 xiāngyù • 동 만나다
- 一手 yìshǒu • 혼자서. 일방적으로
- 只认钱 zhǐ rèn qián • 돈밖에 모르다
- 刮目相看 guā mù xiāng kàn • 셩 괄목상대하다
- 和好 héhǎo • 동 화해하다
- 骄傲 jiāo'ào • 혱 거만하다. 교만하다
- 善意 shànyì • 몡 선의. 호의
- 谎言 huǎngyán • 몡 거짓말
- 良苦用心 liáng kǔ yòng xīn • 마음씀이 매우 깊다
- 太富戏剧性了 tài fù xìjùxìng le • 아주 드라마틱하다

기타

- 功劳 gōngláo • 몡 공로
- 不干了 bú gàn le • (직장을) 그만두다
- 准时 zhǔnshí • 몡 정확한 시간. 정각
- 发誓 fāshì • 동 맹세하다
- 疯掉 fēngdiào • 미쳐버리다
- 在乎 zàihu • 동 마음에 두다. 개의하다

语法解释

1 圆圆也真是的。

"真是的"는 남을 탓할 때 쓰는 말이다. 즉 "그러면 안 되는데. 왜 그래? 너무 한다"라는 뜻을 나타낸다.

你也真是的, 怎么连这点儿道理都不懂呢?
他也真是的, 生气也不能拿孩子出气(화풀이를 하다)啊!

2 谁能养得起她啊?

"养得(不)起"는 "먹여 살 릴 수 있(없)다"라는 뜻으로 주로 경제적인 요인 때문에 남자가 여자를 혹은 부모가 아이를 먹여 살 릴 수 있(없)다는 의미를 나타낸다.

她太能花钱了, 我可养不起她。
让我养三个孩子, 我可养不起。

3 不会吧?

"不会吧?"는 "그럴 수 있어?"라는 뜻으로 의외의 일을 듣고 나서 믿을 수 없다는 뜻을 나타낸다. 대개 기정 사실에 대한 의아함을 표시할 때 많이 쓰인다.

曲美丽: 你听说了吗? 小王得白血病了。
刘小红: 不会吧? 上个星期我还跟她一起看过电影呢。

4 是她一手安排的。

"一手"는 "일방적으로. 혼자서"라는 뜻으로 어떤 일을 혼자서 결정하고 혼자서 처리하는 것을 가리킨다.

小李是他叔叔一手拉扯(고생스럽게 키우다)大的。
这是他一手造成的错误。
这场争端(분쟁)是他们一手挑起(일으키다)的。

美丽的谎言

姐姐林东梅和妹妹林雪梅深爱着同一个男人，她们两个人都希望对方能放弃。后来，妹妹赢得了对方的爱情，因此，姐姐林东梅离开了家。这一走，就是整整6年。姐姐林东梅大学毕业后就开始在上海打拼，事业小有成就，追求者自然不少，可却仍然无法忘记当年的他，所以一直未婚。

直到秋天母亲生病时，姐姐林东梅才回到了老家。让她震惊的是，当年她爱得痴迷的男人，如今早已胡子拉碴，衣服皱巴巴的。一年后，她终于结婚了。而她始终不知道，他邋遢的样子都是由妹妹安排好的。妹妹用美丽的谎言，治好了姐姐的心病。那是那年秋天最美丽的谎言。

生词

- 赢得 yíngdé · 통 얻다
- 打拼 dǎpīn · 통 분투하다
- 追求者 zhuīqiúzhě · 구애자
- 仍然 réngrán · 부 여전히
- 震惊 zhènjīng · 통 몹시 (깜짝) 놀라다
- 痴迷 chīmí · 통 매혹되다
- 胡子拉碴 húzi lāchā · 형 수염이 덥수룩한 모양
- 皱皱巴巴的 zhòuzhou bāba de · 형 쭈글쭈글하다
- 邋遢 lāta · 형 깔끔하지 못하다
- 始终 shǐzhōng · 부 결국. 끝내

1 보기 단어 뒤에 올 수 있는 단어를 A, B, C, D 중에서 모두 골라 보세요.

	意思
❶ 求 ➡	❶
ⓐ 婚　ⓑ 助　ⓒ 情　ⓓ 人	
❷ 谈 ➡	❷
ⓐ 心　ⓑ 恋爱　ⓒ 价格　ⓓ 故事	
❸ 考 ➡	❸
ⓐ 研　ⓑ 大学　ⓒ 律师　ⓓ 考试	
❹ 吓 ➡	❹
ⓐ 着　ⓑ 人　ⓒ 呆　ⓓ 一跳	
❺ 相 ➡	❺
ⓐ 见　ⓑ 认识　ⓒ 遇　ⓓ 对象	

2 반대말 단어를 골라 선을 이어보세요.

❶ 善意　·　·　养不起

❷ 谎言　·　·　国企

❸ 养得起·　·　恶意

❹ 外企　·　·　实话

❺ 挥霍　·　·　节俭

❻ 罕见　·　·　常见

❼ 贫困　·　·　复杂

❽ 坚持　·　·　死鱼

❾ 危险　·　·　放弃

❿ 简单　·　·　富裕

⓫ 活鱼　·　·　大手大脚

⓬ 一毛不拔·　·　安全

126

3 ( )에서 골라 문장을 완성하시오.

❶ 修修机器, 画个图样(什么的/等等), 他都能对付。

❷ 听说他被(骗/欺骗)了很多钱。

❸ 他的这幅作品有(相当/非常)高的艺术水平。

❹ 见到走丢的儿子, 母亲一把(抱住/抱)了孩子, 顿时泪流满面。

❺ 那天的交通事故把我吓傻了, (之后/以后)我就再也不敢开车了。

❻ 那天他背(靠/依靠)着大树等了很久很久, 一直等到天黑, 也没见到她。

❼ 今天在街上我(相遇/遇见)了我的中学同学。

4 "竟然", "…… 一无所知", "不会吧?", "无意中"의 뜻을 고려하여 아래의 문장을 완성하시오.

❶ 真没想到他竟然_____。

❷ 我找了你半天, 你竟然_____。

❸ 我对电脑是一无所知, 希望_____。

❹ 我对这件事情一无所知, _____。

❺ 不会吧? 他怎么可能_____。

❻ 不会吧? 我觉得_____。

❼ 无意中, 我发现_____。

南方人：我是土生土长的广东人，我们那里一年四季都看不到雪，过圣诞节的时候，也感觉不到圣诞气氛，所以高考的时候我报考了北方的大学。通过四年的大学生活，我深深地体会到了南北的差异。

北方人：是吗？那你给我这个北方人说说看，都有哪些差异？

南方人：北方人请客，时常请的是感情客，好像并不含有功利目的。但这感情是收买性的，从此你就是他的铁哥们儿了，比铁还铁，比钢还钢，"铝"一些都是你的不对。

北方人：噢，我还真没这么想过。

南方人：我们南方人请客，一般都是有事。你吃了他的饭，就要为他办事。

北方人：挺有意思。

南方人：北方人待人豪爽，几杯酒下肚，那么八成已经成为生死之交了，如果这时开口借钱，哥儿几个会把兜儿里所有的票子拿出来，往你面前一推"拿去用吧"，"我有了钱就还你"。"别跟我提这事，拿兄弟当外人啊？"。若干时间后，借者不好意思再提，就此成为烂账一堆。

北方人：我听说跟南方人借钱很难。

南方人：和南方人初次见面，无论怎么谈得来，如果开口借钱，十有八九会遭到拒绝。

北方人：为什么呢？

南方人：南方人的理由是：我和你又不熟，凭什么要借你？再次见面后，情况就不同，开口借钱，大多不会遭到拒绝，几十上百的也没关系，不能太多。但是坏就坏在随后的一句"我一个礼拜后肯定还你"。南方人重承诺，他肯定会记下这个日子，看你到时候还不还，而北方人早忘了。要是到时候你不还他钱，借给你钱的南方人会不时地提醒你，让你当众出丑。

北方人：今天我真是获益匪浅啊！谢谢你，老兄！今天午饭钱，我来付。

南方人：又来了，你忘了我刚刚说过的话吗？还是老规矩，各付各的吧。

⬤ 分组讨论下面的问题

1 你去过中国吗？去过几次？都去过哪儿？

---

2 你觉得中国南北方有哪些差异？

---

3 你喜欢北方人还是南方人？为什么？

---

4 韩国南北方人有没有差异？如果有，有哪些差异？

---

5 你喜欢豪爽的人，还是喜欢细心的人？

生词

회화

☐ 土生土长 tǔ shēng tǔ zhǎng・ㆍ 현지(그 고장)에서 나고 자라다

☐ 气氛 qìfēn・ⓜ 분위기

☐ 高考 gāokǎo・ⓜ 대학 수능시험

☐ 功利 gōnglì・ⓜ 공리. 실리

☐ 收买 shōumǎi・ⓓ 매수하다. 포섭하다

☐ 从此 cóngcǐ・ⓟ 이제부터. 그로부터

☐ 铁哥们儿 tiěgēmenr・생사고락을 함께 할 수 있는 의형제

☐ 铁 tiě・ⓜ 철 ⓕ 확고부동하다

☐ 钢 gāng・ⓜ 강철

☐ 铝 lǚ・ⓜ 알루미늄

☐ 待人 dàirén・ⓓ 사람을 대접하다. 사람을 대우하다

☐ 豪爽 háoshuǎng・ⓕ 호쾌하고 시원시원하다

☐ 下肚 xiàdù・ⓓ 먹다. 배를 채우다

☐ 八成 bāchéng・ⓟ 대개. 십중팔구

☐ 生死之交 shēngsǐ zhī jiāo・생사를 함께 할 수 있는 사이

☐ 开口 kāikǒu・ⓓ 말을 하다

☐ 兜儿 dōur・ⓜ 호주머니. 주머니

☐ 票子 piàozi・ⓜ 지폐

☐ 当外人 dàng wàiren・관계없는 사람으로 여기다

☐ 若干 ruògān・ⓓⓢ 얼마. 약간

☐ 就此 jiùcǐ・ⓟ 이로부터. 그로부터

☐ 烂账一堆 lànzhàng yì duī・장기간 회수되지 않고 있는 대금

☐ 谈得来 tán de lái・말이 서로 통하다

☐ 十有八九 shí yǒu bā jiǔ・ㆍ 십중팔구

☐ 遭到 zāodào・ⓓ (불행이나 불리한 일을) 당하다

☐ 凭 píng・ⓓ …에 근거하다

☐ 上百 shàngbǎi・백 이상(되다)

☐ 坏就坏在 huài jiù huài zài・나쁜 것은… 이다

☐ 随后 suíhòu・ⓟ 바로 뒤에. 그 다음에

☐ 重 zhòng・ⓓ 중요시하다

☐ 承诺 chéngnuò・ⓓ 승낙하다. 대답하다

☐ 不时 bùshí・ⓟ 때때로. 종종

☐ 提醒 tíxǐng・ⓓ 일깨우다. 깨우치다

☐ 当众 dāngzhòng・ⓟ 대중 앞에서

☐ 出丑 chūchǒu・ⓓ 추태를 보이다. 망신하다

☐ 获益匪浅 huò yì fěi qiǎn・이익을 보는 것이 적지 않다

☐ 规矩 guīju・ⓜ 규칙

☐ 各付各的 gè fù gè de・더치 페이

语法解释

1 比铁还铁, 比钢还钢, "铝" 一些都是你的不对。

"比铁还铁, 比钢还钢"은 "강철보다 더 강철같다"라는 뜻으로 친구의 우정이 "강철보다 더 굳다"라는 의미로 쓰인 것이다. "铝"는 경도가 "강철"보다 약함으로 친구의 우정이 약하다는 의미로 쓰인 것이다. 그리고 "铁"은 원래 "확고부동하다"라는 의미로 일상회화에서 많이 쓰인다.

他们俩关系很铁。

2 固定结构

"조건, 방면, 범위, 과정, 상황, 상태" 등의 뜻을 나타내고자 할 때에는, 방위사 "在"과 "上, 中, 下, 里"를 결합하여 표현한다.

固定结构	뜻	예 문
在…上	어떠한 방면이란 뜻을 의미한다.	在称呼上, 在观念上, 在学习上, 在工作上
	어떠한 조건을 의미한다.	在调查的基础上
	어떠한 범위를 의미한다.	在报纸上, 在世界上
在…中	진행중인 과정, 상황과 상태를 나타내다.	在思考中, 在考虑中
	어떠한 범위를 의미한다.	在发言中提到, 在信中写到
在…里	장소나 사물의 내부 범위를 의미한다.	在公司里, 在电视里, 在家里, 在文章里, 在公园里
在…下	어떠한 조건을 의미한다.	在大家的帮助下, 我的成绩有了很大的提高。

南方人与北方人

- 南方人遇见南方人，问：兄弟在哪里发财啊？北方人遇见北方人，问：哥们儿在哪儿混？

- 南方人中，男人挣钱比女人多，所以女人有依附感；北方人中，男人挣钱跟女人差不多，所以女人有平等感。

- 经商的南方人去北方，怕挨揍；经商的北方人去南方，怕被骗。

- 南方人找媳妇，看媳妇他妈：丈母娘胡搅，女儿一定蛮缠；北方人挑女婿，看女婿他爹：老子英雄儿子基本好汉。

- 南方人忧愁时喝酒，高兴时唱歌。北方人高兴时喝酒，忧愁时也喝酒。

生词

- 发财 fācái • 동 돈을 벌다. 부자가 되다
- 混 hùn • 동 그럭저럭 살아가다
- 依附感 yīfùgǎn • 명 종속감
- 平等感 píngděnggǎn • 명 평등감
- 挨揍 áizòu • 동 (북방어) (심하게) 얻어맞다
- 媳妇 xífu • 명 며느리

- 丈母娘 zhàngmǔniáng • 명 장모
- 胡搅 hújiǎo • 동 마구 생트집을 잡다
- 蛮缠 mánchán • 동 생떼를 쓰며 늘어붙다. 억지 세우다
- 女婿 nǚxu • 명 사위
- 忧愁 yōuchóu • 동 근심하다. 걱정하다

南北差异

南矮北高:

中国南方人矮，北方人高。据统计，中国东北、华北地区的男子平均身高为1.693米，云贵地区则是1.647米。

南甜北咸:

中国各地由于气候、饮食习惯、文化等方面的差异，不同地区的人们口味都不一样。南方人爱吃甜食，北方人爱吃咸食。

南经北政:

从总体上看，中国北方军事、政治活动活跃，南方经济、文化发达。

南繁北齐:

中国南方语言繁杂，北方语言比较单一。中国北方语言虽然有差异，但交流并没有太大障碍。而南方即使在同一方言区内，彼此差异也非常大，甚至听不懂。这些语言的形成与地理环境是有一定关系的。中国北方地势比较平坦，交通联系也比较方便，老百姓交往、交流的机会多，因此语言差异也不大。南方地形崎岖，交通闭塞，不利于人们交往，因此形成了多种方言。

总之，南北差异表现在各个方面，造成的原因也很复杂，其中，地理因素是不可忽视的重要原因。

生词

□ 统计 tǒngjì · 명 동 통계(하다)

□ 身高 shēngāo · 명 신장. 키

□ 云贵地区 Yúnguì dìqū · 명 운남성과 귀주성 지역

□ 政治 zhèngzhì · 명 정치

□ 活跃 huóyuè · 동 활기를 띠게 하다. 활발히 하다

□ 繁杂 fánzá · 형 번잡하다

□ 单一 dānyī · 형 단일하다

□ 形成 xíngchéng · 동 형성하다

□ 交往 jiāowǎng · 명 동 왕래(하다). 교제(하다)

□ 障碍 zhàng'ài · 명 동 장애(하다). 방해(하다)

□ 彼此 bǐcǐ · 명 피차

□ 地势 dìshì · 명 지세. 땅의 형세

□ 平坦 píngtǎn · 형 평탄하다

□ 崎岖 qíqū · 형 (산길이) 험하다

□ 闭塞 bìsè · 형 (교통이) 불편하다. (소식에) 어둡다

□ 表现 biǎoxiàn · 동 나타나다

□ 造成 zàochéng · 동 (좋지 않은 사태 따위를) 야기하다. 초래하다

□ 不可忽视 bùkěhūshì · 가볍게 여겨서는 안 된다

1 보기 단어 뒤에 올 수 있는 단어를 A, B, C, D 중에서 모두 골라 보세요.

意思

❶ 过 ➡

　　ⓐ 圣诞节　　ⓑ 电　　ⓒ 户　　ⓓ 量

❶

❷ 请 ➡

　　ⓐ 客　　ⓑ 假　　ⓒ 教　　ⓓ 酒

❷

❸ 吃 ➡

　　ⓐ 力　　ⓑ 食堂　　ⓒ 玩　　ⓓ 闲饭

❸

❹ 放 ➡

　　ⓐ 债　　ⓑ 屁　　ⓒ 火　　ⓓ 毒

❹

❺ 流 ➡

　　ⓐ 汗　　ⓑ 眼泪　　ⓒ 血　　ⓓ 口水

❺

2 반대말 단어를 골라 선을 이어보세요.

❶ 首先　·　　　　·脏　　　　　❼ 外人　·　　　　·相同

❷ 小姑娘·　　　　·忘　　　　　❽ 谈得来·　　　　·自己人

❸ 想起来·　　　　·其次　　　　❾ 熟　·　　　　·不一定

❹ 吃亏　·　　　　·大姑娘　　　❿ 肯定　·　　　　·谈不来

❺ 干净　·　　　　·占便宜　　　⓫ 不同　·　　　　·陌生

❻ 豪爽　·　　　　·磨叨　　　　⓬ 铁哥们儿·　　　·酒肉朋友

3 ( )에서 골라 문장을 완성하시오.

❶ (通过/经过)四年的大学生活，我学到了很多东西。

❷ 你衣服(上/里)好像沾(zhān, 묻다)上什么东西了。

❸ 你这种无理要求肯定会(遭到/遇到)拒绝的。

❹ 你(一般/普通)几点睡觉？

❺ (这时/那时)我才6岁，怎么可能记得呢？

❻ 你能不能不跟我 (提/说话)钱的事儿？我都听腻了。

❼ 他把我的电话号码和地址都(记下/记住)来了。

4 "通过"，"深深地"，"十有八九"의 뜻을 고려하여 아래의 문장을 완성하시오.

❶ 通过两年的学习，我的汉语水平＿＿＿＿＿＿＿＿＿＿＿＿＿。

❷ 通过几年的努力，＿＿＿＿＿＿＿＿＿＿＿＿。

❸ 我在中国生活了四年，深深地体会到了＿＿＿＿＿＿＿＿＿＿＿。

❹ 我深深地＿＿＿＿＿＿＿＿＿＿。

❺ 今天十有八九又得＿＿＿＿＿＿＿＿＿。

❻ 他十有八九不会＿＿＿＿＿＿＿＿＿。

练习

1. 韩国有哪几种方言？你会说哪种方言？
2. 韩国一共有几个道？忠清道人和全罗道人性格上有什么差异？
3. 请你向外国客户介绍一下京畿道的经济优势和地理优势。
4. 你觉得南北韩什么时候能实现统一？
5. 你见过北韩人吗？你觉得南韩人和北韩人最大的差异是什么？
6. 你相信命运吗？搬家或者结婚的时候，你算不算卦(suànguà, 점치다)？

1.
2.
3.
4.
5.
6.

✶ 아래의 그림에 대하여 묘사해 보세요.

可怜天下父母心！

曲美丽：每当我看到年轻夫妇们，领着小孩子去学琴、学画画儿、学外语，我就十分的同情。

刘小红：可不是嘛，现在每个家庭的经济开支中，子女的智力投资占很大比例。我认识一对夫妇，整个冬天吃大白菜，省下钱给孩子买了架钢琴。

曲美丽：也许是过来人的缘故，我发现，除非有天资，或者干脆就是神童，一般来讲，小时候，在课余时间，学这个学那个，通常是白费力气的。

刘小红：可怜天下父母心啊！父母花了钱、费了力，而且还生气，气老师不好好教，气孩子不好好学。一到周末，连上帝都休息的日子，做父母的继续为子女奔忙。孩子呢，更可怜——别的小伙伴都在玩，他们却得苦练。

曲美丽：这可能就是所谓的"代理满足"吧。

刘小红：细想想，我也曾经让我的女儿练过小提琴。其实，当时并不期望她将来成为什么小提琴家。说来可怜，都是为她将来着想。可五六岁的小孩，哪里懂得做父母的这番苦心？

曲美丽：那你女儿现在小提琴拉得怎么样了？

刘小红：嗨，别提了，她对小提琴一点儿也不感兴趣，我只好把小提琴送给了朋友。

曲美丽：其实，对于子女的教育问题，应该听其自然，不能逼迫孩子做他们不喜欢做的事情。

刘小红：你说得很有道理，我们教育孩子的时候，忽视了一个非常重要的问题，那就是孩子们心里究竟在想什么，究竟喜欢什么，讨厌什么。在孩子的成长过程中，孩子是当事人，父母却是"局外人"，所以父母要注意倾听孩子们的心声。没有倾听，我们就无法打开孩子们的心灵之窗；只有倾听，才能真正理解孩子。

分组讨论下面的问题

1 小时候你都学过什么？当初是你自己主动要学的，还是你父母强迫你学的？

2 你会不会让你的孩子从小就开始学习书本以外的东西？

3 如果你的孩子不想学习，而想当歌手，你会不会反对？

4 有心事的时候，你会不会跟你父母说？如果不跟父母说的话，那你会跟谁说？

5 请给大家讲一下你童年时期最美好、最幸福的一段往事。

爸爸，妈妈，谢谢你们！

1

爸妈，你们还好吧？我在这里一切都很好，不用担心。

2

爸爸妈妈，对不起！爸爸妈妈，谢谢你！爸爸妈妈，我爱你们！

3

这个月我很忙，下个月我一定抽空去看您。最近天气冷了，小心别感冒了。

4

让我们对天下的父母怀感恩之心，做一个正直、善良、快乐的人，就是对他们最好的回报！

5

是父母，给了我宝贵的生命；是父母，让我来到这美丽的星球……我要感谢父母，我要真心地对父母说一声："你们辛苦了。"

生词

회화

- 每当 měidāng • …할 때마다
- 夫妇 fūfù • 명 부부
- 领 lǐng • 통 데리고 다니다. 인솔하다
- 学琴 xuéqín • 피아노 · 바이올린 등을 배우다
- 同情 tóngqíng • 통 동정하다
- 开支 kāizhī • 명 지출
- 智力 zhìlì • 명 지력
- 省下钱 shěng xia qián • 돈을 아끼다
- 架 jià • 양 (비행기 · 피아노 등) 대
- 过来人 guòláirén • 명 경험자
- 缘故 yuángù • 명 연고. 원인
- 天资 tiānzī • 명 타고난 자질. 천부의 성질
- 干脆 gāncuì • 부 아예. 근본적으로
- 神童 shéntóng • 명 신동
- 一般来讲 yìbān láijiǎng • 일반적으로 볼 때
- 课余 kèyú • 명 과외
- 通常 tōngcháng • 명 통상. 일반
- 白费力气 báifèi lìqi • 헛수고하다
- 可怜 kělián • 형 불쌍하다. 동정하다
- 天下 tiānxià • 천하. 온 세상
- 费力 fèilì • 형 힘들다
- 气 qì • 통 화나다
- 奔忙 bēnmáng • 통 바쁘게 뛰어다니다
- 苦练 kǔliàn • 통 열심히 연습하다
- 所谓 suǒwèi • 소위. 이른바

- 细 xì • 형 자세하다
- 小提琴 xiǎotíqín • 명 바이올린
- 小提琴家 xiǎotíqínjiā • 명 바이올리니스트
- 期望 qīwàng • 통 기대하다
- 着想 zhuóxiǎng • 통 고려하다. 염두에 두다
- 这番苦心 zhè fān kǔxīn • 이러한 고심
- 拉 lā • 통 켜다. 연주하다
- 听其自然 tīng qí zì rán • 성 자연에 맡기다
- 逼迫 bīpò • 통 핍박하다
- 成长 chéngzhǎng • 통 성장하다
- 究竟 jiūjìng • 부 도대체. 대관절
- 当事人 dāngshìrén • 명 당사자
- 局外人 júwàirén • 명 국외인. 아웃사이더
- 倾听 qīngtīng • 통 경청하다
- 心声 xīnshēng • 명 마음의 소리. 속말
- 心灵 xīnlíng • 명 심령. 마음
- 当初 dāngchū • 명 당초. 처음
- 强迫 qiángpò • 통 강박하다. 강요하다
- 书本 shūběn • 명 책
- 心事 xīnshì • 명 걱정거리. 시름

기타

- 抽空 chōukòng • 통 틈(시간)을 내다
- 感恩之心 gǎn'ēn zhī xīn • 은혜에 감사하는 마음
- 星球 xīngqiú • 명 천체

语法解释

1 可怜天下父母心啊!

"可怜天下父母心啊!"은 자식들을 위하여 모든 것을 헌신하는 부모님의 애처로운 마음을 비유하는 말이다.

> 你妈自己舍不得吃舍不得穿，却舍得钱给你买钢琴，还给你请家教，要知道这可是她几年的工资啊! 哎，真是可怜天下父母心啊!

2 说来可怜。

"说来"는 "말하자면, 말하고 보면"이라는 뜻을 나타낸다.

> 说来可笑(우습다)。
> 说来都是朋友。

3 哪里懂得做父母的这番苦心?

여기서 "哪里"는 반어문(反语问)에 쓰여 부정의 의미를 나타내고 있다. "哪里懂得做父母的这番苦心?"는 "부모님들의 이러한 고심을 어떻게 알 수 있겠습니까?"라는 뜻이다.

> 昨天我哪里出门了? 我在家里病了一天。
> 我哪里知道他费了那么大的劲儿?

只要八日暖

几年前，我在市供暖公司上班，每天负责收取供暖费。我们这座北方的小城，一到冬天，家里如果不通暖气，冷得连空气都能结冰。

有一天，快下班的时候，有个男人来到窗口。我问，您要交费吗？男人说，是交费，我问他地址，他说，先麻烦你问一下，能不能只交八天的钱？他说，我和我爱人下岗在家，还要供儿子念大学，没有多余的钱交供暖费。今年我们想交八天的钱，从12月29日，到1月7日……"可是，一冬都熬过了，那几天又为什么要供暖呢？因为过年吗？"我问。不是不是，男人说，那几天通暖气，是因为我儿子要带着女朋友回来，他在上海念大学……这是八天的供暖费，一共是四十六块四毛。当时我极想收下这四十六块四毛钱，非常想，可是我不能，因为不仅我，连供暖公司，也从来没有遇到过这样的事儿。于是我告诉他，我得向上面请示一下，因为没有这个先例，这件事儿，我做不了主。那谢谢您。男人说，您一定得帮我这个忙，我和我爱人倒没什么，主要是，我不想让我儿子知道，这几年家里没通暖气。最终，公司没有收下男人的钱，也没给那男人供八天的暖气。原因很多，简单的、复杂的、技术上的、人手上的、制度上的，等等。

后来我想，其实这样也挺好，当他的儿子领着漂亮的女朋友从上海回来，当他发现整整一个冬天，他的父亲母亲都生活在冰窖似的家里，也许从那以后，他会给自己的父母，比现在多几倍的温暖吧？

摘自《意林》

生词

- 供暖 gōngnuǎn · 난방을 공급하다
- 收取 shōuqǔ · 통 받다. 수납하다
- 暖气 nuǎnqì · 명 증기 난방 장치
- 通暖气 tōng nuǎnqì · 난방공급을 하다
- 结冰 jiébīng · 얼음이 얼다. 결빙하다
- 交费 jiāofèi · 통 납부하다
- 多余 duōyú · 형 여분의. 나머지의
- 为难 wéinán · 형 난처하다. 곤란하다
- 上面 shàngmian · 명 상사. 윗사람

- 请示 qǐngshì · 통 (상급 기관에) 물어 보다
- 先例 xiānlì · 명 선례. 전례
- 做不了主 zuò bu liǎo zhǔ · 결정할 수 없다
- 最终 zuìzhōng · 명 형 최종(의)
- 人手 rénshǒu · 명 일손
- 领 lǐng · 통 인솔하다
- 整整 zhěngzheng · 형 옹근. 꼬빡
- 冰窖 bīngjiào · 명 빙고. 빙실
- 倍 bèi · 양 배. 곱절

1 보기 단어 뒤에 올 수 있는 단어를 A, B, C, D 중에서 모두 골라 보세요.

意思

❶ 占 ➡

ⓐ 20%　　ⓑ 便宜　　ⓒ 线　　ⓓ 地方

❷ 省 ➡

ⓐ 钱　　ⓑ 心　　ⓒ 时间　　ⓓ 事儿

❸ 从事 ➡

ⓐ 教育事业　　　ⓑ 教育
ⓒ 农业　　　　　ⓓ 人事工作

❹ 送 ➡

ⓐ 大学　　ⓑ 钱包　　ⓒ 胜利　　ⓓ 货

❺ 练 ➡

ⓐ 歌　　ⓑ 跆拳道　　ⓒ 小提琴　　ⓓ 车

❶

❷

❸

❹

❺

2 반대말 단어를 골라 선을 이어보세요.

❶ 休息 ·　　　　· 赞成　　　　**❼** 爱　　　　　坏的

❷ 主动 ·　　　　· 费钱　　　　**❽** 正直　　　　做对

❸ 反对 ·　　　　· 工作　　　　**❾** 违反　　　　恨

❹ 省钱 ·　　　　· 成功　　　　**❿** 好的　　　　虚伪

❺ 将来 ·　　　　· 被动　　　　**⓫** 做错　　　　遵守

❻ 失败 ·　　　　· 现在　　　　**⓬** 自然　　　　做作

3 ( )에서 골라 문장을 완성하시오.

❶ 你(通常/经常)几点起床?

❷ 5~6岁的孩子怎么会懂得父母的这番(苦心/好心)呢?

❸ 不要强调一方面, 而(忽视/忽略)另一方面。

❹ 为生活所(逼迫/强迫), 他只好放弃学业。

❺ 这对孩子的(身心/身体)健康非常有利。

❻ 这消息(未必/不必)可靠。

❼ 他是这里的主管, 怎么(可能/可以)不知道呢?

4 "每当", "一般来讲", "曾经"의 뜻을 고려하여 아래의 문장을 완성하시오.

❶ 每当我回老家的时候, _____。

❷ 每当我想起她的时候, _____。

❸ 一般来讲, 小时候学习好的人, 长大以后_____。

❹ 一般来讲, 在外面脾气不好的人, 回到家里_____。

❺ 我曾经暗恋_____。

❻ 我曾经参加_____。

* 보기와 같이 주어진 단어를 이용하여 문장을 만들어 보세요.

| 每当 | 每当我写错字的时候，老师都会一个字一个字地给我改。 |

每当 ➡

| 期望 | 我父母对我的期望很大，所以我每天都非常努力学习，但最终还是没有考上理想的大学。 |

期望 ➡

| 究竟 | 究竟是怎么回事儿？你快告诉我。 |

究竟 ➡

| 一般来讲 | 一般来讲，除了周末以外，平日不会塞车。 |

一般来讲 ➡

* 아래의 그림에 대하여 묘사해 보세요.

Memo

01 韩国见闻录

崔尚元: 쓰레기를 그렇게 함부로 버리면 안되고 분류해야 해요.

王小刚: 어떻게 분류하죠?

崔尚元: 종이는 종이끼리 함께 놓고, 병은 병끼리 함께 놓고, 특히 음식물 쓰레기는 지정된 곳에 버려야만 합니다.

王小刚: 한국인은 깨끗한 것을 좋아할 뿐만 아니라 예의도 바른 것 같습니다. 사람들과 인사할 때 모두 허리를 굽히지요.

崔尚元: 당신이 막 한국에 왔기 때문에 여러면에서 익숙하지 않겠지만 차츰 좋아질 거예요.

王小刚: 한국의 생활리듬은 참 빠른 것 같아요. 길을 걷는 것이든 밥을 먹는 것이든 일을 처리하는 것이든, 모두 매우 빨라요.

崔尚元: 그것은 한국인들의 급한 성미와 관련이 있을 거예요.

王小刚: 제가 한국인과 함께 밥을 먹을 때 항상 가장 늦게 먹어서 너무 미안하다는 생각이 들거든요.

崔尚元: 맞아요! 중국인들은 밥을 아주 천천히 먹고 점심시간도 비교적 긴 것 같아요.

王小刚: 그리고 저는 한국인들의 애국심이 아주 강하다는 것을 알게 되었어요.

崔尚元: 중국인들은 설마 나라를 사랑하지 않는다는 말인가요?

王小刚: 그런 뜻이 아니에요. 제가 말한 것은 한국인들은 농산품·공산품을 막론하고 국산품을 애용한다는 것이에요. 우리 중국인들은 물건을 살 때, 일반적으로 국산품인지 아닌지를 고려하지 않거든요.

崔尚元: 당신의 통찰력은 정말 대단하시네요! 보아하니 당신은 한국생활에 큰 문제가 없을 것 같네요.

02 工作和家庭哪个更重要?

王海亮: 집사람은 늘 제게 불평을 해요. 제가 일밖에 모르고 가족들에게는 조금의 관심도 없다는 거예요.

申阳植: 요즘은 좋은 남자가 되기가 정말 어려워요! 집 밖에선 번듯한 직업이 있어야 하며, 집에 돌아와서는 부인과 아이의 기분을 맞춰주어야 하잖아요.

王海亮: 저희 과장님께서 저더러 다음주에 미국으로 출장을 가라고 하셨는데, 한 번 가면 10여일인데 어떻게 집사람에게 말해야 할지 모르겠어요.

申阳植: 제가 당신께 한가지 좋은 방법을 알려드릴게요.

王海亮: 좋은 방법이 뭐죠? 빨리 말씀해 주세요.

申阳植: 돌아올 때 면세점에서 형수님께 명품 화장품이나 예쁜 옷 한벌을 사주시는 것이지요.

王海亮: 그 방법은 이젠 안 통해요. 제가 집사람에게 처음 선물을 사 줬을 때 매우 기뻐했어요, 그런데 신용카드 명세서를 보더니 저를 한 바탕 혼냈어요.

申阳植: 당신이 신용카드 이야기를 꺼내니 한가지 일이 생각나네요. 지난주에 친구와 함께 바에 가서 술을 마셨는데, 아마 취했던 것 같아요. 양주를 몇 병이나 시켜서 결국은 40여 만원을 썼어요.

王海亮: 다행이네요. 당신이 결혼을 안 했으니 얼마를 쓰던간에 상관하는 사람이 없잖아요.

申阳植: 오히려 저는 관여하는 사람이 있기를 바래요. 보세요, 제가 직장을 다닌지 5년이 되었는데 한푼도 못 모았어요.

王海亮: 여자 친구 있잖아요? 왜 빨리 결혼하지 않으세요?

申阳植: 제가 결혼하고 싶지 않은 것이 아니라 그녀가 원치 않아요. 그녀는 대학원 공부를 해야 한다면서 저에게 2년을 더 기다리라고 하네요.

王海亮: 밤이 길면 꿈이 많기 마련인데! 남녀 사이의 일은 미루면 안 되요. 미루다 보면 변고가 생기죠.

申阳植: 제 여자 친구가 고집이 아주 셉니다. 저는 그녀를 말로 이길 수 없습니다. 인연을 따라야죠.

03 网上购物

曲美丽: 나 MP3를 사려고 하는데, 어느 상점에서 파는 MP3가 품질이 좋고 가격이 싼지 모르겠어.

刘小红: 지금 MP3를 파는 가게가 많잖아. 한 번 둘러 보고 품질과 가격을 비교한 다음 사면 되잖아.

曲美丽: 난 돌아다니는 거 제일 싫어하거든. 매번 가장 마음에 드는 물건을 사기 위하여 하루 종일 돌아다녀야 하니 힘들어 죽겠어.

刘小红: 그럼 타오바오왕에서 사.

曲美丽: 인터넷쇼핑? 믿을 수 있어?

刘小红: 속을 까봐? 요즘엔 돈을 모두 결재센터에 넣어두었다가 물건을 받은 다음에야 상대방의 계좌로 입금되기 때문에 아주 안전해.

曲美丽: 지금은 안전도가 높다는 걸 나도 알아. 그런데 아이디를 하나 신청하는데 너무 귀찮아. 나 지난번에 한참동안 신청했는데 못 만들었어.

刘小红: 그게 뭐가 귀찮아? 내가 볼 때 내 아이디를 직접 쓰는 게 나을 것 같다.

曲美丽: 그럼 되겠다.

刘小红: 오늘 저녁에 내 아이디하고 비밀번호를 알려줄게. 우선 인터넷에서 골라 봐.

曲美丽: 그래도 조금 불안하다.

刘小红: 뭐가 불안한데?

曲美丽: 인터넷상에서 물건을 사면 직접 테스트해 볼 수도 없고 만지지도 못 하잖아. 만약 마음에 안 들면 비록 반품이 가능하지만 운송비는 내가 내야 하잖아.

刘小红: 넌 왜 그렇게 걱정이 많아?

曲美丽: 아직까지 인터넷에서 구매하는 것이 습관이

안 돼서 그래.

刘小红: 나에게 좋은 방법이 하나 있어! 우선 아무 가게나 하나 찾아서 물건이 비싸든 싸든 상관하지 말고, 점원에게 상품 소개를 해달라고 하고, 어떤 것이 좋은지 그리고 색상과 디자인도 골라봐.

曲美丽: 내가 말했잖아, 난 쇼핑하러 다니는 것을 싫어한다고.

刘小红: 그럼 쇼핑을 하러 다니지 말고 바로 인터넷에서 사면 되겠네.

曲美丽: 알았어. 그럼 네 아이디와 비밀번호를 내 휴대폰으로 메시지 보내줘.

刘小红: 알았어.

04 有啥别有病, 没啥别没钱

曲美丽: 너 알아? 우리 이웃집에 샤오왕이 백혈병에 걸렸대.

刘小红: 정말? 그럼 우리 언제 그를 보러 가자, 그에게 과일이라도 사가야지.

曲美丽: 그럴 필요 없어. 그는 이미 퇴원했어. 샤오왕은 돈이 아주 많은 형이 하나 있는데, 단번에 그에게 백만 위앤을 줬대. 겨우 3개월을 치료했는데 완치 되었대.

刘小红: 정말 잘됐다. 아, 돈이 있는 게 정말 좋구나!

曲美丽: 맞아, 나에게 친구가 하나 있는데, 겨우 42살이거든. 백혈병에 걸렸는데 치료비가 없어서 2개월 만에 죽었어.

刘小红: 그래서 말인데, "뭐가 있어도 병은 있지 말아야 하고, 뭐가 없어도 돈이 없으면 안 돼."

曲美丽: 맞아, 그 말은 정말 경전같이 신통해. 지난번에 할아버지가 입원했을 때 정말 화가 나서 죽을 뻔했어.

刘小红: 왜?

曲美丽: 그날 아침에 할아버지가 조깅을 할 때 갑자기 쓰러지셨어, 다행히도 마음씨가 좋은 사람이 할아버지를 병원까지 후송해 주셨어. 우리 가족도 바로 도착했거든. 근데 무슨 일이 발생했는지 알아? 의사가 납부서를 써 놓고 가족들이 오기만 기다리고 있는 거야. 돈을 안 내면 치료를 안 해 주는 거야.

刘小红: 정말 너무하다!

曲美丽: 그들은 돈밖에 모르잖아.

刘小红: 만약 돈이 있어 의사에게 돈봉투를 건네주면, 내가 보기에 그들은 360도 태도가 바뀔 거야. 비록 돈이 다는 아니지만 돈이 없으면 절대로 안 돼.

曲美丽: 누가 아니래? 다행히 할아버지는 큰 병이 아니어서 며칠 뒤에 바로 퇴원하셨어.

刘小红: 비록 지금은 의료기술이 아주 발달되어 있어서 돈만 있으면 대다수 병들을 모두 치료할 수 있지만, 그래도 돈으로 해결할 수 없을 때가 있어. 그래서 건강이 무엇 보다도 중요해.

曲美丽: 맞아! 너희 할아버지 할머님께 안부 전해드려, 어르신 건강에 유의하시라고!

刘小红: 고마워. 내가 꼭 전할게.

05 中韩两国烟酒文化差异

王小刚: 너에게 묻고 싶은 것이 있는데.

崔尚元: 뭔데? 얼마든지 물어봐.

王小刚: 한국 남자들이 술을 따를 때 왼손을 가슴에 대고 오른 손으로 술을 따르던데, 그건 왜 그런 거야?

崔尚元: 그건 존경을 표하는 거야. 일반적으로 아랫사람이 윗사람에게 술을 따를 때는 두 손으로 따라야 해.

王小刚: 음, 그런 법도 있어?

崔尚元: 내가 보기엔 중국인들은 어떤 장소에서든 담배를 잘 권하는 것 같아.

王小刚: 한국에서는 그런 습관이 없어?

崔尚元: 그래. 담배는 건강에 해롭기 때문에 잘 권하지 않아.

王小刚: 중국에서는 담배를 권하는 것이 일종의 사교 수단이고, 그것을 통해 정을 나누기도 하지.

崔尚元: 그럼 누가 나에게 담배를 권하면 거절하지 말아야겠네, 그런 거야?

王小刚: 응, 네가 담배를 끊은 것이 아니라면 말이야.

崔尚元: 그렇구나, 나도 이제 담배를 권하는 걸 배워야겠네.

王小刚: 참, 나도 어제 한국 사람과 술을 마시면서 두 가지를 배웠어.

崔尚元: 어떤 것인데?

王小刚: 하나는 나 자신의 잔으로 다른 사람에게 술을 따르는 것이고, 다른 것은 맥주와 양주를 함께 섞어 마시는 "폭탄주".

崔尚元: 내가 보기엔 중국인들은 술을 마실 때 한국인 같이 따지는 것이 그렇게 많지 않은 것 같아. 예를 들면 건배를 할 때 말이야, 거리가 멀어 잔을 부딪치기 어려우면 손으로 테이블을 두 번 두드리잖아, 너무 멋져 보여.

王小刚: 너 정말 상세하게 관찰했네!

崔尚元: 또 하나 재미있는 거 있어. 중국에서 술을 마실 때, 종업원이 손님의 술잔이 가득 차 있지 않는 걸 보기만 하면 바로 잔을 채워주는 거야.

王小刚: 만약 마시고 싶지 않으면 그들에게 따르지 말아달라고 하면 돼.

崔尚元: 내가 종업원에게 말했는데, 잘 못 알아들은 것 같았어. 어쩌면 내 발음이 그렇게 표준이 아닌가 봐.

王小刚: 보아하니 넌 중국어를 더 열심히 공부 해야겠다. 그렇지 않으면 앞으로 손해 볼 일이 더 많을 거야.

06 我的烦恼

丽　丽: 이 선생님, 저 요즘 너무 답답해요.

李老师: 왜요? 무엇 때문입니까?

丽　丽: 제가 막 새로운 회사에 들어갔는데, 거기에 계신 사장님 하고 회사 동료들과 사이가 별

로 좋지 못해서요. 무엇이 문제인지 분석을 좀 해주실 수 있습니까?

李老师: 그럼 원래 다니셨던 회사에서 동료들과 사이가 어땠습니까?

丽　丽: 예전에는 동료들과 사이가 매우 좋았어요. 그런데 왜 새로운 회사에 와서는 적응이 안 되는지 모르겠어요.

李老师: 그럼 말씀해 보세요. 왜 새로운 회사 사람들과 친해지거나 친구가 되는 것이 싫은 겁니까?

丽　丽: 제가 그들을 싫어하기 때문에 그들도 저를 싫어한다고 생각합니다.

李老师: 당신은 왜 그들을 좋아하지 않는 겁니까? 그들이 당신의 마음을 상하게 했습니까? 아니면 당신이 그들의 마음을 상하게 했습니까?

丽　丽: 다 아니에요. 저도 잘 모르겠어요. 어쨌든 저는 그들이 저를 좋아하지 않는다는 생각이 들어요.

李老师: 제가 분석해 드릴게요. 회사에서 다른 사람들이 어려움이 있을 때 당신은 적극적으로 그 사람을 도와드립니까?

丽　丽: 아니요. 제가 막 입사했기 때문에 그들과 친하지 않잖아요.

李老师: 그럼 일하는 도중에 만약 이해가 안 되는 부분이 있으면 당신은 그들에게 도움을 요청합니까?

丽　丽: 아니요.

李老师: 당신은 완벽을 추구하는 사람이시죠? 당신은 자신이 다른 사람들보다 못하다는 것을 용인할 수 없죠?

丽　丽: 맞아요. 전 제가 다른 사람들 앞에서 망신당하는 것이 싫어요. 그래서 전 일을 하든 공부를 하든 최선을 다해서 열심히 합니다.

李老师: 당신은 가끔 다른 사람이 실수하는 것을 용인할 수 없죠?

丽　丽: 그런 것 같습니다. 그럼 어떻게 해야 저의 이러한 심리적 증상을 치료할 수 있습니까?

李老师: 당신은 자신이 완벽하지 않다는 것을 인정하고 또 다른 사람을 포용하는 법을 배워야

합니다.

丽　丽: 고마워요 이 선생님.

李老师: 그리고 반드시 자신감을 가져야 합니다.

丽　丽: 네. 제가 꼭 선생님의 말씀대로 할게요!

07　生命在于运动

绍钟瑞: 너 요즘 바쁘니? 왜 전화할 때마다 통화가 안 돼?

黄大卫: 아, 그저께는 농구했고, 어제는 온종일 스키장에 있었어. 그곳은 신호가 약해서 네 전화를 받지 못했을 거야.

绍钟瑞: 이봐, 너 운동선수 되려고? 왜 그렇게 목숨을 걸어?

黄大卫: 그럼 넌 매일 집안에 틀어 박혀서 몸을 푸는 거야 뭐야?

绍钟瑞: 난 운동을 안 좋아해. 혼자서 조용히 있는 것이 좋아.

黄大卫: 그래도 매일 집에만 있을 수 없잖아.

绍钟瑞: 집에서 해야 할 일들이 많아. 밖에 나가서 운동할 시간이 어디 있어?

黄大卫: 네 생각엔 내가 한가한 것 같아?

绍钟瑞: 너 그렇게 목숨을 거는 이유가 뭔데?

黄大卫: 생명은 운동에 달려있어. 몇 년 동안 조이지 않은 나사못이 녹이 슬 듯이 계속 운동을 하지 않으면 몸도 "녹이 슬어".

绍钟瑞: 누가 그래? 비록 내가 운동을 안 하지만 건강은 아주 좋잖아.

黄大卫: 지금은 아무 병이 없지만, 늙으면 병마에 시달리게 돼.

绍钟瑞: 너무 심하게 말하는 거 아니야?

黄大卫: 장수하신 어르신들을 봐. 대부분 농촌에 살고 계셔. 그분들은 매일 맑은 공기를 마시고 신선한 채소를 드시고, 가장 중요한 것은 그분들은 지금까지 걷는 걸로 차를 대신하셨어. 그래서 몸이 아주 건강할 뿐만 아니라 또한 아주 장수 하시지.

绍钟瑞: 나는 그렇게 오래 살 필요 없어. 매일 운동 하러 가는 것이 얼마나 힘든데.

黄大卫: 너의 건강을 위해서 권고하는데 운동을 많이 해야 해.

绍钟瑞: 내가 운동할 시간이 어디 있어? 매일 일찍 일어나서 밤늦게까지 일하는 것은 말할 것도 없고, 집에 돌아와서는 아내를 도와 아이를 돌봐야 해.

黄大卫: 시간은 스펀지 안의 물과 같아. 네가 힘껏 짜면 시간은 있기 마련이야.

08 面试

面试官 1: 안녕하세요, 우리 회사에 응시한 것을 환영합니다! 앉으시죠.

尹仟河: 감사합니다!

面试官 1: 말씀 좀 여쭙겠습니다. 관련 방면의 일을 해보신 적이 있으신지요?

尹仟河: 있습니다. 예전에 중한합자기업에서 8년 동안 일해본 적이 있습니다.

面试官 1: 그럼 왜 직장을 바꾸시려는 거죠?

尹仟河: 저는 전 회사를 떠나기가 아쉬웠지만 아이의 입학 문제 때문에 회사를 옮기게 되었습니다. 그래서 어쩔 수 없이 예전 회사를 떠나서 새로이 시작하려고 합니다. 그렇지만 저는 제가 예전과 같이 일을 잘 할 수 있을 거라고 믿고 있고, 더 나아가 더욱 잘 할 것입니다.

面试官 1: 좋아요.

面试官 2: 알고 계시죠, 우리 회사 면접시험에 응시한 사람이 굉장히 많다는 거. 왜 영업부 책임자 자리에 당신을 뽑아야 하는 겁니까?

尹仟河: 제 생각으로는 우선 제 경험이 아주 풍부하고, 그 다음 저의 조직능력과 리더십 또한 아주 강합니다.

面试官 2: 영업부 관리자로서 오직 이것들로만 충분하지 않은데요.

尹仟河: 저는 인간관계에 있어서 발이 아주 넓습니다. 윗사람과 아랫사람들과의 사이도 아주 좋고요. 그리고 저는 이 일을 아주 사랑합니다.

面试官 2: 좋아요. 그럼 당신의 부족한 점은 뭔가요?

尹仟河: 저는 늘 저 자신에게 매우 높은 목표를 요구해 왔습니다. 따라서 저는 다른 사람들에게도 높은 목표를 설정하도록 하였습니다.

面试官 3: 당신은 스트레스 있는 상태에서 일을 하는 것에 능합니까?

尹仟河: 네. 저는 스트레스가 앞으로 나가는데 있어서 최고의 원동력이라고 생각합니다. 그것은 나태함과 산만함을 버릴 수 있게 합니다.

面试官 3: 만약에 당신이 맡고 있는 팀 내부에서 충돌이 일어나면 어떻게 해결하실 겁니까?

尹仟河: 저는 우선 사적으로 그들과 얘기를 나누어 보고 사건의 경위를 알아보고, 그들에게 입장을 바꾸어 생각해 보도록 한 다음에 화해를 시킬 것입니다.

面试官 1: 훌륭한 답변에 감사 드리고, 면접시험 결과를 기다려 보세요.

尹仟河: 감사합니다!

09 希望能得到贵公司的大力协助

王海亮: 신 선생님, 앉으세요. 당신을 다시 만나게 되어 정말 기쁩니다!

申阳植: 감사합니다! 저 역시 왕 주임님과 여러분들을 다시 만나게 되어 매우 반갑습니다!

王海亮: 어제 저녁 잘 쉬셨습니까? 일정이 너무 빡빡하지 않았습니까?

申阳植: 아닙니다. 귀사의 안배에 대해 매우 만족합니다. 특히 어제의 참관과 방문이 매우 인상 깊습니다.

王海亮: 보아하니 이번 중국행 수확이 큰 것 같군요. 이제 안심이 되네요.

申阳植: 저는 정말 놀랐습니다. 중국의 방직품 시장과 의류시장이 제가 생각한 것 보다 훨씬 좋았습니다.

王海亮: 당신의 말이 맞습니다. 사실상 중국은 이미 세계에서 가장 큰 의류 수출국이 되었습니다.

申阳植: 저희는 이번에 방직품과 의류의 수출입을 협상하러 중국에 왔거든요. 잘 온 것 같습니다. 귀사가 저희에게 많은 도움을 주시길 바랍니다.

王海亮: 저희가 도울 수 있다면 최선을 다해 돕겠습니다. 비록 처음 거래하는 것이지만, 저는 우리가 반드시 좋은 협력관계가 될 것이라고 믿습니다.

申阳植: 그러면 우리 서로 신임하고 도우면서 서로 지지합시다!

王海亮: 그것은 저희 대외 무역의 한결 같은 방침이기도 합니다!

申阳植: 솔직히 말해서 저희는 귀사에 대해 잘 알지 못합니다.

王海亮: 그것은 이상하지 않습니다. 현재 우리 회사의 규모가 큰 것도 아니고, 인지도도 높지 않습니다. 그러나 저희 회사는 최근 몇 년간 급속히 발전하고 있습니다.

申阳植: 저희는 이번에 처음 중국에 왔기 때문에 아직 중국 시장에 대해 조사를 조금 더 해야 할 것 같습니다.

王海亮: 그럼요. 당신들이 아주 신중하고 진지하다는 것을 느꼈습니다.

申阳植: 칭찬해 주셔서 감사합니다.

王海亮: 저희는 믿음이 없으면 진정한 협력이 없다고 생각합니다.

申阳植: 맞는 말씀입니다. 귀사와 협력하는 것이 정말 즐거운 경험입니다.

⑩ 富爸爸, 穷爸爸

孙立峰: 너 알아? 신기호가 캐나다에 간대.

黄大卫: 그처럼 돈 있는 사람은 좋은 아빠를 만나 얼마나 행복해. 우리와 너무 다르지, 우리는 대학에 떨어지면 끝장이잖아.

孙立峰: 그래, "수학·물리·화학을 잘하는 것이 좋은 아빠가 있는 것 보다 못해."

黄大卫: 그런데 내가 보기엔 그가 캐나다의 좋은 대학에 합격하지 못할 것 같아. 기껏해야 돈으로 졸업장을 사온 다음 다시 그의 아빠의 회사에서 일하겠지.

孙立峰: 그래도 우리보다 낫잖아! 우리는 비록 그보다 공부를 잘하지만 만약 수능시험에서 실수라도 하면 직장도 구할 수 없잖아.

黄大卫: 난 그가 캐나다에 간다고만 했는데, 너희들은 왜 질투하는 거야?

孙立峰: 설마 넌 질투 하나도 안 해?

黄大卫: 질투할 게 뭐가 있어? 그의 집의 돈도 그의 부모님이 고생해서 번 것이지 훔친 것이 아니잖아. 우리도 열심히 일을 하여 우리의 후손들이 그와 같이 살면 되잖아!

孙立峰: 난 나의 2세가 그와 같이 매일 돈을 흥청망청 쓰고 배운 것도 없고 재주도 없게 하지 않을 거야.

黄大卫: 그래, 만약 그렇다면 그야말로 돈으로 자식을 망치는 거야.

孙立峰: 너희들은 오늘 왜 그래? 내 말은 너희들도 돈을 많이 벌어 너희 자식들이 행복하게 살 수 있도록 하라는 뜻이야.

邵钟瑞: 아이고, 너는 우리 가난한 사람의 고통을 영원히 이해 못 할 거야.

孙立峰: 우리 집도 돈이 아주 많은 것은 아니야. 그렇지만 나는 내 운명을 바꿀 수 있다고 믿어. 만약 내가 바꿀 수 없다면 그건 내가 무능한 것이지 부모님을 탓하지 않아.

邵钟瑞: 네 말이 맞아. 남자라면 기개가 있어야지, 왜 마음 속의 불평을 공부하는 원동력으로 바꾸어주지 않는 거지?

孙立峰: 부자들 자식들이 놀 때 우린 공부를 더 많이 하자!

黄大卫: 빨리 가자, 수학 보습시간이 곧 시작이야.

⑪ 你会和你爱的人结婚还是和爱你的人结婚?

娜娜: 넌 네가 사랑하는 사람과 결혼할 거니? 아니

155

면 너를 사랑하는 사람과 결혼할 거니?

丽丽: 당연히 내가 그 사람을 사랑하고, 그 사람도 나를 사랑하는, 그런 사람이랑 결혼 할 거야.

娜娜: 내 말은 어느 쪽이 더 많이 사랑하냐고.

丽丽: 음, 나는 내가 사랑하는 사람과 결혼할 거야. 왜냐하면 결혼 후에 자질구레한 일이 많을 텐데, 내가 그를 사랑한다면 다 이해할 수 있잖아.

娜娜: 그런데 그 사람이 너를 그렇게 사랑하지 않고 또 널 포용해 주지 않는다면? 예를 들면 그가 며칠 동안 집에 안 들어오면 그를 사랑하는 넌 마음이 몹시 상할 거고, 그는 밖에서 하고 싶은 것을 다하면서 너에게 태연하게 대한다면, 이런 결혼 생활이 무슨 의미가 있어?

丽丽: 네가 말한 상황은 너무 극단적이야. 설마 세상에 좋은 남자가 없다는 말이야?

娜娜: 내 말은 그런 게 아니라, 여자는 자기를 사랑해주는 사람을 만나야 더 행복하고 더 아름답게 살 수 있다는 거야.

丽丽: 전에 내가 어떤 잡지를 봤는데, 현재 결혼 후 특히 40대 남자의 외도하는 확률이 25%에 달한대, 난 무서워서 결혼도 못하겠어.

娜娜: 아, "남자 40은 한 송이 꽃이고, 여자 40은 콩비지야."

丽丽: 난 벌써 생각해 놓았어. 마흔이 되면 성형수술을 할 거야. 그러면 예전과 다름 없이 젊고 아름다울 거야.

娜娜: 내가 볼 때 진정으로 나를 사랑해 주는 사람을 찾는 것이 더 나은 것 같아. 설령 그가 바람을 피더라도 나는 그가 내 곁으로 다시 돌아올 거라고 믿어.

丽丽: 바람을 폈는데 그가 네 곁으로 돌아오는 것을 왜 기대하는데?

娜娜: 난 남자들이 한눈 파는 것은 일시적이고, 결코 진정으로 이혼하려고 하는 것이 아니라, 다만 잠시의 유혹을 참지 못한 것이라고 생각하거든. 따라서 그에게 한 번의 기회를 주어야 해.

丽丽: 넌 평소에는 그렇게 소심한데, 남자에 대해서는 왜 그렇게 너그러워?

娜娜: 나도 말뿐이야. 내가 당사자 입장이 된다면,

나 역시 반드시 그렇게 한다고는 할 수 없어. 참, 너 요즘 남자 친구랑 어때?

丽丽: 아주 좋아. 오늘이 우리 연애 2주년 기념일이거든, 그가 나를 위해 촛불 만찬을 준비 했대.

娜娜: 하하, 그럼 서둘러 준비해야지, 예쁘게 단장해.

丽丽: 그럼 나중에 봐, 너도 빨리 남자 친구 만들어. 결혼은 옷 사는 것이랑 같은 것 같아. 어떤 옷은 보기에 예쁘지만 몸에 안 맞잖아. "자신에게 맞는 것이 가장 좋은 것이다"라는 말도 있잖아.

娜娜: 알았어.

12 价格磋商

王海亮: 제품은 이미 보셨으니 다음은 가격에 대해서 이야기 해야겠죠?

申阳植: 귀사의 실크제품과 순면제품에 대해서 비교적 만족합니다만 가격이 조금 높아 저희들이 받아들이기 힘듭니다.

王海亮: 저희 회사의 이 두 종류의 상품은 품질이 좋을 뿐만 아니라 디자인도 참신하여, 시장에 출시되자마자 아주 잘 팔려 이미 저희 회사 우량 제품이 되었습니다.

申阳植: 하지만 가격이 너무 높아 저희가 이익이 없습니다! 밑지면서 장사할 수는 없지 않습니까?

王海亮: 가격이 싸지는 않지만 계속 잘 팔리는 것으로 보아 가격이 비교적 합리적이라고 할 수 있죠.

申阳植: 견적서 상의 가격이 모두 실제 가격입니까?

王海亮: 아닙니다. 아직 많은 문제들을 구체적으로 협상하지 않았잖아요. 가격은 저희 쪽이 최종 확정한 것을 기준으로 합니다.

申阳植: 실례지만 귀사에서는 어떤 것에 근거하여 최종 가격을 확정합니까?

王海亮: 주로 귀사의 주문량에 달려 있습니다. 만약에 귀사의 주문량이 많다면 가격면에서 특혜를 조금 더 드릴 수 있습니다.

申阳植: 그것은 조금 힘들 것 같습니다. 왜냐하면 저희는 이번이 처음 중국에서 직접 주문하는 것이고, 게다가 방직품 시장 수요가 계속 변동하기 때문에 첫 주문량은 많지 않을 것입니다. 하지만 시장의 반응이 좋으면 저희가 주문량을 늘릴 것입니다.

王海亮: 그렇다면 귀사에서는 얼마나 주문하려고 합니까?

申阳植: 우선 C.I.F의 최저 가격을 알려주실 수 있습니까? 가격이 적합하다면 주문량은 적지 않을 것입니다.

王海亮: C.I.F의 최저 가격은 78달러입니다.

申阳植: 이 가격은 상품설명서 상의 가격과 같지 않습니까? 별로 특혜가 없잖아요!

王海亮: 혹시 잘못 보시지 않으셨습니까? 상품설명서 상의 가격은 F.O.B의 가격입니다.

申阳植: 네, 그렇군요. 그렇다면 가격은 비교적 합리적입니다. 그럼 10컨테이너를 주문할게요.

王海亮: 20PT짜리 컨테이너를 말씀하시는 겁니까? 40PT짜리 컨테이너를 말씀하시는 겁니까?

申阳植: 당연히 40PT짜리 컨테이너이죠.

王海亮: 좋아요, 저희가 되도록 빨리 상품을 조달하겠습니다.

申阳植: 앞으로 우리가 좋은 협력관계가 되기를 기원합니다.

13 **善意的谎言**

曲美丽: 너 린펑이랑 위앤위앤이 사귀는 거 알아?

刘小红: 당연히 알지! 학교에서 제일 예쁜 여자애랑 사귀는데 누가 모르겠어!

曲美丽: 아이고, 나 감동해서 울 뻔 했잖아. 그 애들 이야기가 드라마보다 더 드라마 같지 않아?

刘小红: 뭐가?

曲美丽: 보아하니 넌 그들의 이야기에 관해서 아무 것도 모르고 있구나.

刘小红: 빨리 나에게 얘기 해줘.

曲美丽: 한번은 위앤위앤이 영화보러 가자고 하자, 펑펑은 집에 어머니께서 편찮으시다고 거짓말을 했었대. 사실은 린펑이 그 달 어머니께서 주신 생활비를 다 써버려 돈이 없던 거야.

刘小红: 위앤위앤은 정말 너무 한다. 걔는 왜 그렇게 인색하니? 누가 그 애를 먹여 살릴 수 있겠니?

曲美丽: 위앤위앤은 린펑이 돈이 많은 줄 알고 그에게 돈을 내라고 한 거지.

刘小红: 린펑네 어머니가 외국계 기업에서 일하지 않아? 수입이 꽤 많을 텐데.

曲美丽: 일단 내 얘기를 끝까지 들어 봐. 그날 린펑은 어머님께 교재를 산다고 300위앤을 가져갔고, 린펑은 그 돈으로 위앤위앤이랑 영화 한 편을 보고 공원에 놀러 갔었대. 그런데 그때 폐품 수집을 하는 중년 여성이 뒤에서 다가와서 빈 알루미늄 캔이 있냐고 묻자 린펑은 있다고 말하면서 알루미늄 캔을 건네주다가 깜짝 놀라 어리둥절해 졌었어. 그 폐품 수집을 하는 여성이 린펑의 어머니셨던 거야.

刘小红: 설마? 맙소사! 어떻게 그런 일이 일어날 수 있어? 그 다음은?

曲美丽: 린펑은 바로 어머니께 달려가 어머니를 꼭 껴안았대. 그런데 어머니께서 "혹시 사람을 잘못 본 것 아니에요?"라고 말씀 하셨지만 린펑은 아랑곳하지 않고 얼굴이 눈물 범벅이 되어 어머니를 꼭 껴안았대. 그 후 그는 삼륜차를 사서 매일 힘든 일을 하면서 어머님을 도와 돈을 벌었지. 나중이 되어서야 그는 어머님이 1년 전에 실직을 하여 일을 계속 찾지 못하셔서 부득이 폐품 수집으로 간간히 생활해 오신 것을 알았대.

刘小红: 그의 어머님은 정말 대단하시다! 실직한 사실을 1년이나 감추시다니.

曲美丽: 그래. 그런데 더 감동적인 부분은 그 뒤의 이야기야. 며칠 전 졸업식 때 위앤위앤이 린펑을 찾자 커피를 마시러 갔었는데, 린펑은 그 해에 말없이 사라진 것에 대해서 사과를 했대. 그런데 위앤위앤이 말하기를 사실 그 날 너와 너의 어머니의 만남은 내가 일방적으로 마련했던 거야."라고 사실을 밝혔대.

刘小红: 야! 몰라 봤어. 위앤위앤은 정말 좋은 여자였구나! 난 그녀가 돈만 아는 줄 알았는데 .

曲美丽: 나도 예전에는 그렇게 생각했었는데 이 일로 다시 보게 되었어. 나중에 그녀랑 린펑은 다시 화해했대. 그녀는 린펑을 자랑으로 여긴대.

刘小红: 정말 감동적이다. 린펑 어머님의 선의의 거짓말과 위앤위앤의 속 깊은 마음씨. 너무 드라마틱하다.

14 南方人和北方人

南方人: 저는 광동에서 태어나 광동에서 자랐습니다. 우리 그곳은 일년 사계절 내내 눈을 볼 수 없습니다. 크리스마스 때에도 크리스마스 분위기를 느낄 수 없답니다. 그래서 수능시험을 볼 때 북방에 있는 대학을 선택했어요. 4년간의 대학 생활을 통해서 북방과 남방의 차이를 깊이 체험했습니다.

北方人: 그래요? 그럼 북방 사람인 저에게 어떤 차이가 있는지 말씀해 주실래요?

南方人: 북방 사람이 손님을 초대하는 것은 보통 감정적 초대이며, 실리 목적은 없는 것같이 보이지만, 이러한 감정적 초대는 매수의 성질을 띠고 있습니다. 그로부터 당신은 그의 친한 친구가 되어 철보다 더 단단해야 하고 강철보다 더 강해야 하며, 알루미늄 같이 경도가 조금 약해도 당신의 잘못입니다.

北方人: 네, 저는 정말 그렇게 생각해 본 적이 없는데요.

南方人: 우리 남방 사람은 손님을 초대하는 것은 보통 일이 있어 초대하는 것입니다. 당신이 그에게 식사대접을 받았으면 그를 위해 일을 해야 합니다.

北方人: 아주 재미있네요.

南方人: 북방 사람은 사람을 대접할 때 아주 시원시원합니다. 술을 몇 잔 마시면 십중팔구는 이미 벗을 위해 목숨도 바칠 수 있는 사이가 됩니다. 이 때 돈을 빌려달라고 말하면 친구들은 주머니 속에 있는 지폐를 꺼내서 당신 앞으로 밀면서 "가져가서 쓰게나." "돈이 생기는 대로 갚겠습니다." "나한테 그런 말은 하지 말게. 형이 남이냐?" 시간이 조금 지난 다음 돈을 빌려준 사람은 말을 꺼내기가 쑥스러워지고 이로부터 그 돈은 돌려받을 수 없게 되죠.

北方人: 남방 사람에게 돈을 빌리기가 매우 어렵다고 들었습니다.

南方人: 남방 사람과 처음 만났을 때 서로 말이 잘 통한다 할지라도, 돈을 빌려 달라고 말하면 십중팔구는 거절 당할 것입니다.

北方人: 왜요?

南方人: 남방 사람의 이유는 당신과 잘 알지도 못하는 사이인데, 무엇 때문에 당신에게 돈을 빌려주어야 합니까? 다시 만나면 상황이 달라집니다. 돈을 빌려달라고 말하면 대부분이 거절하지 않을 것입니다. 몇 십 위앤 혹은 몇 백 위앤이라도 상관 없지만 너무 많으면 안 됩니다. 하지만 나쁜 것은 "일주일 후에 반드시 돌려드리겠습니다"라는 약속입니다. 남방 사람은 약속을 중요시합니다. 그는 이 날짜를 반드시 적어놓고 언제 돌려주는지 지켜봅니다. 하지만 북방 사람은 벌써 잊어버렸죠. 만약 날짜가 되었는데 돈을 갚지 않는다면 돈을 빌려준 남방 사람은 때때로 일깨워주어 많은 사람 앞에서 당신에게 망신을 줍니다.

北方人: 오늘 정말 많은 것을 알았어요! 고맙습니다, 형님! 오늘 점심식사 계산은 제가 하겠습니다.

南方人: 또 시작이군. 자네 내가 방금한 말을 잊었는가? 예전의 규칙대로 더치페이 합시다.

15 可憐天下父母心!

曲美丽: 저는 젊은 부부들이 아이를 데리고 피아노, 미술, 외국어를 배우러 다니는 것을 볼 때마다 매우 안쓰러워 보였습니다.

刘小红: 그렇고 말고요. 오늘날 한 가정의 경제 지출 중에서 아이에게 투자하는 돈이 아주 큰 비중을 차지합니다. 제가 아는 부부는 겨울 내내 배추만 먹으며, 돈을 아껴서 아이에게 피아노 한 대를 사주었습니다.

曲美丽: 아마도 경험자라는 이유 때문인 것 같아요. 천부적인 자질이 있거나 근본적으로 신동이 아니고서는 일반적으로 어렸을 때 이것저것 과외를 받는 건 헛수고라는 것을 저는 알게 되었습니다.

刘小红: 부모의 정성이 불쌍하죠! 부모님들은 돈을 쓰고, 애쓰고 게다가 열까지 받아가면서, 선생님이 잘 안 가르쳐 주어서 화가 나고, 아이가 잘 안 배워서 또 화가 나고. 주말이 되면 하느님도 쉬는 날인데 부모님들은 자녀를 위해 계속 바쁘게 뛰어다닙니다. 아이는 더 불쌍하죠. 다른 아이들은 놀고 있는데 그들은 열심히 연습을 해야 하거든요.

曲美丽: 이것이 바로 소위 "대리만족"인가 봐요.

刘小红: 자세히 생각해보면 저도 예전에 딸아이에게 바이올린을 배우도록 한 적이 있어요. 사실 그 당시 딸아이가 바이올리니스트가 되기를 바란 것은 아닙니다. 말하자면 불쌍하지만 모두 딸아이의 장래를 생각해서였어요. 그런데 5,6살인 아이가 어떻게 부모님의 이런 고심을 알 수 있겠습니까?

曲美丽: 그럼 따님은 지금 바이올린을 잘 켜나요?

刘小红: 말도 마세요. 우리 딸은 바이올린에 조금도 흥미가 없어요. 어쩔 수 없이 바이올린을 친구에게 주어버렸습니다.

曲美丽: 사실 자녀 교육 문제에 대해서 그냥 내버려두어야 합니다. 아이가 하기 싫어하는 일을 억지로 시켜서는 안 됩니다.

刘小红: 당신의 말이 일리가 있어요. 우리가 아이를 교육시킬 때 매우 중요한 문제를 소홀히 했

어요. 그건 바로 아이들이 마음 속으로 도대체 무슨 생각을 하고 있는지, 무엇을 좋아하고 싫어하는지 입니다. 아이의 성장 과정 중에서 아이는 당사자이고 부모님은 아웃사이더입니다. 그래서 부모님은 아이의 마음의 소리를 경청해 주셔야 합니다. 경청하지 않으면 우리는 아이들 마음의 창문을 열 수 없습니다. 경청해야만 비로소 진정으로 아이를 이해할 수 있습니다.

01 韩国见闻录

练习题 `1`

❶ ⓐ 分红: (기업 따위에서) 이익을 분배하다
　 ⓑ 分家: 분가하다
　 ⓒ 分东西: 물건을 나누다
　 ⓓ 分类: 분류하다

❷ ⓐ 有礼貌: 예의가 있다
　 ⓑ 有水平: 수준이 있다
　 ⓒ 有思想: 생각이 있다
　 ⓓ 有素质: 소질이 있다

❸ ⓐ 打基础: 기초를 닦다
　 ⓑ 打官司: 소송을 걸다
　 ⓒ 打招呼: 인사를 하다
　 ⓓ 打赌: 내기를 하다

❹ ⓐ 办事儿: 일을 처리하다
　 ⓑ 办护照: 여권을 신청하다
　 ⓓ 办签证: 비자를 신청하다

❺ ⓐ 停机: 핸드폰이 정지되다
　 ⓑ 停电: 정전되다
　 ⓒ 停产: 생산을 중지하다
　 ⓓ 停业: 휴업하다

练习题 `2`

❶ 扔 ⇔ 捡　　　　❷ 零钱 ⇔ 整钱
❸ 急性子 ⇔ 慢性子　❹ 国货 ⇔ 进口货
❺ 零下 ⇔ 零上　　　❻ 出发 ⇔ 到达
❼ 惭愧 ⇔ 自豪　　　❽ 深 ⇔ 浅
❾ 宽 ⇔ 窄　　　　　❿ 干净 ⇔ 脏
⓫ 熟悉 ⇔ 陌生　　　⓬ 提高 ⇔ 下降

02 工作和家庭哪个更重要?

练习题 `1`

❶ ⓐ 花钱: 돈을 쓰다
　 ⓑ 花时间: 시간을 소모하다

❷ ⓐ 点菜: 요리를 주문하다

　 ⓑ 点歌儿: 노래를 주문하다
　 ⓒ 点名: 출석을 부르다

❸ ⓐ 报价: 견적서를 내다
　 ⓑ 报名: 등록하다
　 ⓒ 报账: 결산 보고하다

❹ ⓐ 管人: 사람을 관리하다
　 ⓑ 管事儿: 일을 관리하다
　 ⓒ 管钱: 돈을 관리하다

❺ ⓐ 念大学: 대학에 다니다
　 ⓑ 念研究生: 대학원에 다니다
　 ⓒ 念书: 공부하다

练习题 `2`

❶ 温柔 ⇔ 刚强　　❷ 年轻 ⇔ 老
❸ 漂亮 ⇔ 丑　　　❹ 怀疑 ⇔ 信任
❺ 免税 ⇔ 征税　　❻ 笑 ⇔ 哭
❼ 别人 ⇔ 自己　　❽ 新衣服 ⇔ 旧衣服
❾ 先天 ⇔ 后天　　❿ 借 ⇔ 还
⓫ 臭 ⇔ 香　　　　⓬ 攒钱 ⇔ 花钱

练习题 `3`

❶ 埋怨　❷ 体面　❸ 灵　❹ 时候　❺ 点
❻ 攒起来　❼ 关心

03 网上购物

练习题 `1`

❶ ⓐ 逛街: 거리를 거닐다
　 ⓒ 逛马路: 거리를 거닐다
　 ⓓ 逛商店: 아이쇼핑

❷ ⓐ 申请奖学金: 장학금을 신청하다
　 ⓑ 申请贷款: 융자를 신청하다

❸ ⓐ 付钱: 돈을 지불하다
　 ⓑ 付运费: 운임을 지불하다
　 ⓓ 付款: 대금을 지불하다

❹ ⓑ 网上购物: 인터넷 쇼핑
　 ⓒ 网上聊天儿: 인터넷에서 채팅을 하다

ⓓ 网上银行: 인터넷 뱅킹

❺ ⓐ 被害: 살해되다
　ⓑ 被骗: 속임을 당하다
　ⓓ 被打: 구타당하다

❻ ⓑ 弄好了: 다해 놓았다
　ⓒ 弄坏了: 망가뜨렸다
　ⓓ 弄洒了: 엎질러버렸다

❼ ⓑ 选课: 수강 신청을 하다
　ⓒ 选专业: 전공을 선탠하다
　ⓓ 选班长: 반장을 선출하다

❽ ⓐ 退学: 퇴학하다
　ⓑ 退房: 체크아웃하다
　ⓓ 退货: 반품하다

❾ ⓐ 气人: 약올리다
　ⓒ 气不平: (불공평한 일을 보고) 화가 치밀다
　ⓓ 气疯: 미칠 듯이 화가 나다

练习题　2

❶ 满意　❷ 可靠　❸ 转到　❹ 直接　❺ 选
❻ 又/又/又　❼ 到

ⓑ 开药方: 처방전을 쓰다
ⓒ 开课程: 과정을 개설하다
ⓓ 开发票: 영수증을 발급하다

❻ ⓐ 交钱: 돈을 내다
　ⓑ 交作业: 숙제를 제출하다
　ⓓ 交朋友: 친구를 사귀다

❼ ⓐ 出院: 퇴원하다
　ⓑ 出交通事故: 교통사고가 나다
　ⓒ 出书: 책을 내다
　ⓓ 出门: 문을 나서다

❽ ⓐ 塞红包: 로비를 하다
　ⓑ 塞车: 차가 막히다
　ⓒ 塞钱: 로비를 하다

❾ ⓑ 注意身体: 건강에 유의하다
　ⓓ 注意安全: 안전에 유의하다

练习题　2

❶ 哪天　❷ 一下　❸ 根本　❹ 幸好　❺ 管
❻ 跑　❼ 只要

04　有啥别有病, 没啥别没钱

练习题　1

❶ ⓐ 得病: 병에 걸리다
　ⓑ 得奖金: 보너스를 타다

❷ ⓐ 白血病: 백혈병
　ⓑ 白班: 낮교대, 주간 근무반
　ⓒ 白干: 헛수고를 하다

❸ ⓑ 治国: 나라를 다스리다
　ⓒ 治水: 치수하다
　ⓓ 治病: 병을 치료하다

❹ ⓐ 睡觉: 잠을 자다
　ⓑ 睡懒觉: 늦잠을 자다
　ⓓ 睡午觉: 낮잠을 자다

❺ ⓐ 开公司: 회사를 개설하다

05　中韩两国烟酒文化差异

练习题　1

❶ ⓐ 敬酒: 술을 권하다
　ⓑ 敬烟: 담배를 권하다

❷ ⓐ 损害身体: 몸에 해롭다
　ⓓ 损害健康: 건강에 해롭다

❸ ⓐ 建立国家: 국가를 창건하다
　ⓑ 建立感情: 감정을 키우다

❹ ⓐ 兑水: 물을 타다
　ⓒ 兑换: 환전하다
　ⓓ 兑现: 어음 따위를 현금으로 바꾸다

❺ ⓐ 讲究吃: 먹는 것을 중요시하다
　ⓒ 讲究穿: 입는 것을 중요시하다
　ⓓ 讲究卫生: 위생을 중요시하다

⑥ ⓐ 敲窗户: 창문을 두드리다
ⓑ 敲门: 문을 두드리다
ⓓ 敲鼓: 북을 치다

⑦ ⓐ 加价: 가격을 올리다
ⓒ 加满: 가득 채우다
ⓓ 加糖: 설탕을 넣다

⑧ ⓐ 倒酒: 술을 따르다
ⓑ 倒车: 차를 후진시키다
ⓒ 倒带: 테이프를 되감다

⑨ ⓐ 吃奶: 젖을 먹다
ⓑ 吃老本儿: 과거의 공로로에만 의지하여 살다
ⓓ 吃亏: 손해를 보다

练习题 **2**

❶ 尽管 **❷** 发现 **❸** 觉得 **❹** 无论
❺ 损害 **❻** 到底 **❼** 除非

---

06 我的烦恼

练习题 **1**

❶ ⓐ 请教: 가르침을 청하다
ⓑ 请客: 한턱내다

❷ ⓑ 分析问题: 문제를 분석하다
ⓓ 分析原因: 원인을 분석하다

❸ ⓐ 关系户: 관계 기관
ⓒ 关系很好: 사이가 좋다
ⓓ 关系单位: 관계 기관. 거래처

❹ ⓐ 适应环境: 환경에 적응하다
ⓓ 适应生活: 생활에 적응하다

❺ ⓐ 成为爸爸: 아빠가 되다
ⓑ 成为朋友: 친구가 되다
ⓓ 成为局长: 국장이 되다

❻ ⓐ 追求完美: 완벽을 추구하다
ⓑ 追求女孩子: 여자에게 구애하다

❼ ⓐ 了解情况: 상황을 알아보다
ⓓ 了解中国历史: 중국역사에 대하여 잘 알다

⑧ ⓑ 承认错误: 잘못을 인정하다

⑨ ⓑ 感到骄傲: 자랑으로 여기다
ⓒ 感到荣幸: 영광으로 생각하다
ⓓ 感到自豪: 자랑으로 여기다

练习题 **2**

❶ 处 **❷** 不如 **❸** 原来 **❹** 一切 **❺** 亲近
❻ 好像 **❼** 帮助

---

07 生命在于运动

练习题 **1**

❶ ⓐ 坐江山: 정권을 장악하다
ⓑ 坐月子: 몸을 풀다. 산후조리하다
ⓒ 坐牢: 감옥살이하다

❷ ⓐ 空房间: 빈방
ⓑ 空腹: 공복
ⓒ 空手: 맨손

❸ ⓐ 挤车: 밀치며 차에 오르다
ⓑ 挤人: 사람이 많아 서로 밀치다
ⓒ 挤牙膏: 치약을 짜다
ⓓ 挤脚: (신발이 작아) 발에 꼭 끼이다

❹ ⓐ 生效: 효력이 발생하다
ⓑ 生闷气: 기분이 울적해지다
ⓒ 生病: 병이 나다
ⓓ 生锈: 녹이 슬다

❺ ⓐ 劝架: 싸움을 말리다
ⓑ 劝酒: 술을 권하다
ⓒ 劝学: 학문을 권장하다

练习题 **2**

❶ 弱 ⇔ 强 **❷** 长寿 ⇔ 短命
❸ 早婚 ⇔ 晚婚 **❹** 饭前 ⇔ 饭后
❺ 安静 ⇔ 吵 **❻** 增加 ⇔ 减少
❼ 有益 ⇔ 有害 **❽** 活 ⇔ 死
❾ 老人 ⇔ 年轻人 **❿** 忙 ⇔ 闲
⓫ 没事 ⇔ 有事 **⓬** 长跑 ⇔ 短跑

练习题 **3**

❶ 以为 ❷ 总是 ❸ 不仅 ❹ 更 ❺ 都
❻ 照顾 ❼ 安排

08 面试

练习题 **1**

❶ ⓑ 应验: (예언 등이) 들어맞다
　ⓒ 应邀: 초대 또는 초청에 응하다
　ⓓ 应聘: 응시하다

❷ ⓐ 跳槽: 직장을 옮기다
　ⓑ 跳班: 월반하다
　ⓒ 跳绳: 줄넘기(를 하다)
　ⓓ 跳水: 다이빙(하다)

❸ ⓐ 尽全力: 전력을 다하다
　ⓑ 尽责: 책임을 다하다
　ⓒ 尽义务: 의무를 다하다
　ⓓ 尽孝: 효도를 다하다

❹ ⓐ 舍不得用: 쓰기 아까워하다
　ⓑ 舍不得花钱: 돈쓰는 것을 아까워하다
　ⓒ 舍不得离开: 떠나기 아쉬워하다

❺ ⓐ 善于社交: 사교에 능하다
　ⓒ 善于应酬: 응대에 능숙하다

❻ ⓐ 发生事故: 사고가 발행하다
　ⓑ 发生冲突: 충돌이 생기다
　ⓓ 发生矛盾: 모순이 생기다

❼ ⓓ 进行调节: 조절하다

❽ ⓐ 等待面试结果: 면접결과를 기다리다
　ⓑ 等待客人: 손님을 기다리다

❾ ⓐ 搬兵: 구원병을 요청하다
　ⓑ 搬东西: 물건을 옮기다
　ⓓ 搬家: 이사하다

练习题 **2**

❶ 经历 ❷ 舍不得/舍不得 ❸ 选 ❹ 不断
❺ 了解 ❻ 擅长 ❼ 然后

09 希望能得到贵公司的大力协助

练习题 **1**

❶ ⓐ 印象好: 인상이 좋다
　ⓑ 印象深: 인상이 깊다
　ⓓ 印象深刻: 인상이 깊다

❷ ⓐ 感到很高兴: 기뻐하다
　ⓑ 感到非常满意: 만족해 하다
　ⓒ 感到很吃惊: 놀라워 하다
　ⓓ 感到非常幸福: 행복을 느끼다

❸ ⓐ 洽谈业务: 업무를 협상하다
　ⓑ 洽谈生意: 비즈니스협상을 하다
　ⓒ 洽谈价格: 가격을 협상하다
　ⓓ 洽谈工作: 업무를 협상하다

❹ ⓐ 打交道: 접촉하다
　ⓑ 打抱不平: 불공평한 일을 보고 나서 피해자를 돕다
　ⓒ 打雷: 천둥치다
　ⓓ 打雨伞: 우산을 쓰다

❺ ⓐ 安排工作: 일을 배정하다
　ⓑ 安排住处: 숙소를 배정하다
　ⓓ 安排座位: 좌석을 배정하다

练习题 **2**

❶ 紧 ⇔ 松　　　　❷ 冷静 ⇔ 冲动
❸ 丰富 ⇔ 单调　　❹ 放心 ⇔ 担心
❺ 出口 ⇔ 进口　　❻ 贵公司 ⇔ 我们公司
❼ 迅速 ⇔ 缓慢　　❽ 顺差 ⇔ 逆差
❾ 赤字 ⇔ 黑字　　❿ 软着陆 ⇔ 硬着陆
⓫ 财政支出 ⇔ 财政收入
⓬ 应有尽有 ⇔ 一无所有

练习题 **3**

❶ 满意 ❷ 尤其 ❸ 看样子 ❹ 让
❺ 协助 ❻ 打交道 ❼ 一向

10 富爸爸, 穷爸爸

练习题 1

❶ ⓐ 高温: 고온
　　ⓑ 高分: 높은 점수
　　ⓒ 高楼: 높은 빌딩
　　ⓓ 高考: 수능시험

❷ ⓐ 发挥作用: 작용을 발휘하다
　　ⓑ 发挥能力: 능력을 발휘하다
　　ⓒ 发挥失常: (시험·시합에서) 실수하다

❸ ⓐ 乱说话: 함부로 말하다
　　ⓑ 乱花钱: 돈을 마구 쓰다
　　ⓒ 乱写: 낙서하다

❹ ⓑ 理解人: 사람을 이해하다
　　ⓒ 理解万岁: 이해만세

❺ ⓐ 相信人: 사람을 믿다
　　ⓒ 相信命运: 운명을 믿다

❻ ⓐ 怪自己: 스스로를 탓하다
　　ⓑ 怪味儿: 이상한 냄새
　　ⓒ 怪事儿: 이상한 일
　　ⓓ 怪物: 괴물

❼ ⓑ 改变命运: 운명을 바꾸다
　　ⓓ 改变生活方式: 생활방식을 바꾸다

❽ ⓐ 辛辛苦苦工作: 열심히 일하다
　　ⓒ 辛辛苦苦赚钱: 열심히 돈을 벌다

❾ ⓐ 有骨气: 기개가 있다
　　ⓑ 有能力: 능력이 있다
　　ⓒ 有学问: 학식이 있다
　　ⓓ 有思想: 생각이 있다

练习题 2

❶ 乐观 ⇔ 悲观　　❷ 最好 ⇔ 最坏
❸ 羡慕 ⇔ 嫉妒　　❹ 以后 ⇔ 以前
❺ 女人 ⇔ 男人　　❻ 有钱 ⇔ 没钱
❼ 无能 ⇔ 有能力　❽ 动力 ⇔ 压力
❾ 开始 ⇔ 结束　　❿ 富人 ⇔ 穷人
⓫ 闲暇 ⇔ 忙碌　　⓬ 鲜明 ⇔ 模棱两可
⓭ 表扬 ⇔ 批评　　⓮ 高级 ⇔ 低级
⓯ 名牌 ⇔ 杂牌　　⓰ 豪华 ⇔ 简朴

⓱ 岳父 ⇔ 岳母　　⓲ 狭隘 ⇔ 宽广
⓳ 无忧无虑 ⇔ 忧心忡忡
⓴ 考不上 ⇔ 考得上
㉑ 高效率 ⇔ 低效率　㉒ 后代 ⇔ 前一代
㉓ 否认 ⇔ 承认　　㉔ 舍不得 ⇔ 舍得
㉕ 难过 ⇔ 好过
㉖ 全心全意 ⇔ 三心二意

练习题 3

❶ 都　❷ 的话　❸ 又　❹ 来　❺ 辛辛苦苦
❻ 就　❼ 骨气

11 你会和你爱的人结婚还是和爱你的人结婚?

练习题 1

❶ 五音不全 ⇒ 음치
❷ 双胞胎 ⇒ 쌍둥이
❸ 双眼皮儿 ⇒ 쌍꺼풀
❹ 铁公鸡 ⇒ 구두쇠
❺ 没门儿 ⇒ 어림도 없다
❻ 眼红 ⇒ 샘이 나다
❼ 拍马屁 ⇒ 아첨하다
❽ 厚脸皮 ⇒ 뻔뻔스럽다
❾ 老好人 ⇒ 무골호인
❿ 单相思 ⇒ 짝사랑
⓫ 傻瓜 ⇒ 바보
⓬ 嘴笨 ⇒ 말주변이 없다
⓭ 心黑 ⇒ 속이 검다
⓮ 黑社会 ⇒ 마피아
⓯ 小气鬼 ⇒ 깍쟁이
⓰ 胆小鬼 ⇒ 겁쟁이
⓱ 宠物 ⇒ 애완 동물
⓲ 很性感 ⇒ 섹시하다
⓳ 吃醋 ⇒ 질투하다
⓴ 嘴硬 ⇒ 억지로 우기다
㉑ 心软 ⇒ 마음이 여리다
㉒ 丑闻 ⇒ 스캔들
㉓ 房东 ⇒ 집주인
㉔ 有外遇 ⇒ 외도하다

㉕ 黑市 ⇒ 암시장
㉖ 水货 ⇒ 밀수품

练习题 2

❶ 既/还 ❷ 包容 ❸ 意义 ❹ 才 ❺ 依然
❻ 期望 ❼ 一时

12 价格磋商

贸易小常识: 1 B 2 A 3 B 4 A

练习题 1

❶ ⓐ 价格比较合理: 가격이 비교적 합리적이다
　 ⓑ 价格太高了: 가격이 너무 높다
　 ⓓ 价格低廉: 자격이 저렴하다

❷ ⓑ 反应慢: 반응이 늦다
　 ⓒ 反应良好: 반응이 좋다

❸ ⓐ 配货: 상품의 구색(具色)을 골고루 갖추다
　 ⓒ 配眼镜: 안경을 맞추다
　 ⓓ 配钥匙: 열쇠를 복사하다

❹ ⓑ 商品很走俏: 상품이 아주 잘 팔리다
　 ⓒ 商品很畅销: 상품이 아주 잘 팔리다

❺ ⓐ 做事儿: 일을 하다
　 ⓑ 做生意: 장사를 하다
　 ⓒ 做手脚: 몰래 간계를 꾸미다
　 ⓓ 做官儿: 관리가 되다

练习题 2

❶ 畅销 ⇔ 滞销　❷ 实盘 ⇔ 虚盘
❸ 新颖 ⇔ 陈旧　❹ 直接 ⇔ 间接
❺ 加大 ⇔ 减少　❻ 亏本 ⇔ 盈利
❼ 高 ⇔ 低　❽ 我方 ⇔ 你方
❾ 第一次 ⇔ 最后一次
❿ 最低价 ⇔ 最高价
⓫ 一流 ⇔ 末流
⓬ 无利可图 ⇔ 有利可图

练习题 3

❶ 总的来说　❷ 只有　❸ 走红　❹ 亏本
❺ 恐怕　❻ 第一次　❼ 尽快

13 善意的谎言

练习题 1

❶ ⓐ 求婚: 청혼하다
　 ⓑ 求助: 도움을 청하다
　 ⓒ 求情: 사정하다
　 ⓓ 求人: 남에게 부탁하다

❷ ⓐ 谈心: 마음을 터놓고 이야기하다
　 ⓑ 谈恋爱: 연애를 하다
　 ⓒ 谈价格: 가격을 협상하다

❸ ⓐ 考研: 대학원시험을 보다
　 ⓑ 考大学: 대입시험을 보다
　 ⓒ 考律师: 사법고시시험을 보다

❹ ⓐ 吓着: 놀라게 하다
　 ⓑ 吓人: 사람을 놀라게 하다
　 ⓒ 吓呆: 놀라 어리둥절하다
　 ⓓ 吓一跳: 깜짝 놀라다

❺ ⓐ 相见: 만나보다
　 ⓒ 相遇: 마주치다
　 ⓓ 相对象: 선을 보다

练习题 2

❶ 善意 ⇔ 恶意　❷ 谎言 ⇔ 实话
❸ 养得起 ⇔ 养不起　❹ 外企 ⇔ 国企
❺ 挥霍 ⇔ 节俭　❻ 罕见 ⇔ 常见
❼ 贫困 ⇔ 富裕　❽ 坚持 ⇔ 放弃
❾ 危险 ⇔ 安全　❿ 简单 ⇔ 复杂
⓫ 活鱼 ⇔ 死鱼
⓬ 一毛不拔 ⇔ 大手大脚

练习题 3

❶ 什么的　❷ 骗　❸ 相当　❹ 抱住
❺ 之后　❻ 靠　❼ 遇见

14 南方人和北方人

练习题 1

❶ ⓐ **过圣诞节**: 성탄절을 보내다
　ⓑ **过电**: 감전하다
　ⓒ **过户**: 소유권의 명의를 변경하다
　ⓓ **过量**: 분량을 초과하다

❷ ⓐ **请客**: 한턱 내다
　ⓑ **请假**: 휴가를 신청하다
　ⓒ **请教**: 가르침을 청하다

❸ ⓐ **吃力**: 힘겹다. 손해를 보다
　ⓒ **吃食堂**: 식당에서 식사를 하다
　ⓓ **吃闲饭**: 빈둥빈둥 놀고 먹다

❹ ⓐ **放债**: 부채를 놓다
　ⓑ **放屁**: 방귀를 뀌다
　ⓒ **放火**: 방화하다
　ⓓ **放毒**: 독을 넣다

❺ ⓐ **流汗**: 땀을 흘리다
　ⓑ **流眼泪**: 눈물을 흘리다
　ⓒ **流血**: 피를 흘리다
　ⓓ **流口水**: 군침을 흘리다

练习题 2

❶ 首先 ⇔ 其次　　❷ 小姑娘 ⇔ 大姑娘
❸ 想起来 ⇔ 忘　　❹ 吃亏 ⇔ 占便宜
❺ 干净 ⇔ 脏　　　❻ 豪爽 ⇔ 磨叽
❼ 外人 ⇔ 自己人　❽ 谈得来 ⇔ 谈不来
❾ 熟 ⇔ 陌生　　　❿ 肯定 ⇔ 不一定
⓫ 不同 ⇔ 相同
⓬ 铁哥们儿 ⇔ 酒肉朋友

练习题 3

❶ 通过　❷ 上　❸ 遭到　❹ 一般　❺ 那时
❻ 提　❼ 记下

15 可怜天下父母心!

练习题 1

❶ ⓐ **占20%**: 20%를 차지하다
　ⓑ **占便宜**: 정당치 못한 방법으로 가외(加外)의
　　이익을 보다
　ⓒ **占线**: 통화중이다
　ⓓ **占地方**: 자리를 차지하다

❷ ⓐ **省钱**: 돈을 절약하다
　ⓑ **省心**: 걱정을 덜다
　ⓒ **省时间**: 시간을 절약하다
　ⓓ **省事儿**: 편리하다

❸ ⓐ **从事教育事业**: 교육사업에 종사하다
　ⓓ **从事人事工作**: 인사일을 하다

❹ ⓑ **送钱包**: 지갑을 선물하다
　ⓓ **送货**: 물건을 보내다

❺ ⓐ **练歌**: 노래연습을 하다
　ⓑ **练跆拳道**: 태권도를 하다
　ⓒ **练小提琴**: 바이올린을 연습하다
　ⓓ **练车**: 운전연습을 하다

练习题 2

❶ 休息 ⇔ 工作　　❷ 主动 ⇔ 被动
❸ 反对 ⇔ 赞成　　❹ 省钱 ⇔ 费钱
❺ 将来 ⇔ 现在　　❻ 失败 ⇔ 成功
❼ 爱 ⇔ 恨　　　　❽ 正直 ⇔ 虚伪
❾ 违反 ⇔ 遵守　　❿ 好的 ⇔ 坏的
⓫ 做错 ⇔ 做对　　⓬ 自然 ⇔ 做作

练习题 3

❶ 通常　❷ 苦心　❸ 忽视　❹ 逼迫
❺ 身心　❻ 未必　❼ 可能